促进沟通技能的视觉策略

[美] 琳达·A. 霍奇登 著
（Linda A. Hodgdon, M.ED., CCC-SLP）

陈质采　李碧姿 译

Visual
Strategies
for
Improving
Communication:
Practical Supports for
School and Home

华夏出版社
HUAXIA PUBLISHING HOUSE

谨以此书献给参与
马科姆中等学校孤独症干预项目
（Macomb Intermediate School District Autistic Program）
的所有工作人员、孩子及其家人，
是他们的热情投入促成了视觉策略的发展。

不闻不若闻之，闻之不若见之，
见之不若知之，知之不若行之，
学至于行而止矣。

目录 Contents

译者序 ··· 1

序 ·· 3

前言 ··· 5

第一篇　视觉辅助沟通的介绍 ·· 1

第一章　什么是视觉辅助沟通？ ··· 3

什么是视觉支持？ ··· 3

谁是这本书的对象？ ··· 5

谁是这方案的对象？ ··· 6

为什么使用视觉工具？ ··· 8

为何视觉沟通重要？ ··· 9

为何视觉信息比听觉信息更容易理解？ ························· 10

为何这些人视觉功能发挥得较好？ ································· 11

什么是手语？手语是一种视觉媒介 ······························· 14

普通班级（或沟通环境）是什么状况？ ························· 15

如何使用这些信息？什么符合这些学生的需要呢？ ····· 18

第二篇　视觉沟通工具范例 ·· 21

第二章　提供信息的工具 ·· 23

时间表 ··· 24

迷你时间表 ··· 32

日程表 ··· 36

选择板与清单 ··· 41

沟通"不"的信息 …………………………………… 44
人员定位 …………………………………………… 48
过渡与转换的小帮手 ……………………………… 51

第三章 发出有效指令的工具 …………………… 59

班级管理工具 ……………………………………… 60
制作班级管理工具 ………………………………… 64
记事本和"烹调"手册 …………………………… 66
设计记事本和"烹调"手册 ……………………… 71
训练使用记事本和"烹调"手册 ………………… 72
教导新教材 ………………………………………… 75
有效引导的建议 …………………………………… 76

第四章 用于组织环境的视觉策略 ……………… 79

以标记建构环境 …………………………………… 80
一般的生活安排 …………………………………… 83

第五章 促进环境间的沟通 ……………………… 87

视觉桥梁 …………………………………………… 89
设计视觉桥梁 ……………………………………… 91
建立家校沟通的建议 ……………………………… 96

第三篇 多元环境中的沟通 ………………………… 99

第六章 改善家庭沟通 …………………………… 101

居家简易概念 ……………………………………… 103
居家成功的可行性 ………………………………… 107
给家长的一封信 …………………………………… 110

第七章 社区中的沟通 …………………………… 113

确立社区参与的目标 ……………………………… 114
社区参与评估 ……………………………………… 119

社区沟通评估表 ··· 121
　　在社区中创造成功 ·· 125

第四篇　视觉工具的发展与使用 ··· 131

第八章　开发视觉工具 ··· 133
　　教师工具 ·· 139
　　如何制作视觉工具？ ·· 142
　　沟通工具规划指南 ··· 143
　　选择有效的沟通符号 ·· 150
　　制作成功工具的可行性与不可行性 ·· 151

第九章　基本配备 ·· 157
　　材料与用品 ·· 157
　　照相101招 ·· 163
　　制作视觉工具的实用技巧 ··· 168

第十章　将视觉策略融入沟通和教育中 ··································· 171
　　沟通的教学策略 ·· 171
　　创设以沟通为基础的班级：成功的关键因素 ··························· 175
　　有效实施的可行性 ··· 177
　　再问几个问题 ··· 182

第五篇　方案的内涵 ··· 187

第十一章　教育趋势：视觉辅助沟通的内涵 ···························· 189
　　问题是什么？ ··· 191
　　任课教师的角色 ·· 194
　　言语语言病理学家角色的演变 ··· 195
　　总结 ·· 197

参考资料 ·· 199

译者序
看见了，让沟通互动更有效

临床工作中，一个妈妈曾惴惴不安地问我："医生，如果我的孩子怎么也学不会如厕，总需要兜着尿不湿，就不能上学吗？"这些特殊需要儿童及其家庭所面临的困境，常常让我不禁发问："难道学不来如厕，就无法上学或参加活动吗？如果肢体障碍的孩子已经入小学了，究竟该先学走路，还是让他也花点时间学习坐着上课？而高功能孤独症的孩子呢，究竟学英语比较重要，还是学习社交互动比较重要？"

我认为普通儿童的家长在养育孩子的过程中，也会面临这样的烦恼。只是特殊需要孩子的父母或老师，在面临选择时，受限于孩子的学习能力与速度，得像手头拮据的管家，难免要锱铢必较罢了。因此，协助这些家庭和老师把专业知识纳入生活的规划中，是专业人员无法推卸的责任。

带着这样的期许，身为言语病理学家的琳达·A.霍奇登（Linda A.Hodgdon），在长期为孤独症和其他语言沟通障碍学生提供服务的过程中，感受到这些孩子沟通的需求。而孤独症人士，就儿童青少年精神医学的临床症状来看，确实存在明显的口语与非口语沟通障碍、社交互动障碍、重复刻板行为与狭窄兴趣，以及无法进行象征性或想象性游戏。台湾地区的宋维村教授等学者也指出，孤独症人士在沟通互动上存在共同注意（joint attention）的缺陷。

沟通（英文是communication，源自拉丁文communicare）表示公开、让大家都知道的意思。沟通是人际互动中很重要的一环，人们通过各种口语与非口语的沟通，意见得以传达、思想得以交流、情感得以凝聚。沟通是交互作用（interaction）和交流的（transactional）过程，包含来源、信息和信息接收者，可以满足我们在社交、表达、自尊、安全等各方面的需求。因此，一旦儿童出现沟通障碍，可能衍生出许多问题，不利于孩子的学习。本书摆脱传统的教育理念，以视觉工具为沟通互动的媒介，提出生活中的各种视觉策略，希望惠及这些有特殊需要的孩子。

就某种程度而言，我其实是心疼因各种原因仍在学习的路上挣扎的孩子。如何让这些学生学到最基本的信息，满足和其他人一样的需求，也是对这些孩子的理解与尊重。这本书提供的不是唯一有效的策略或办法，也不一定适用于每个孩子，尤其是有听觉学习优势的孩子，但我非常喜欢霍奇登的教育理念与精神。我喜欢她能谦虚地站在孩子的立场，观察到个别学习的差异，理解孩子的学习与自己不同；我也喜欢她以孩子而不是以自己所创立的策略或方案为主体。

看见了问题，就可以理解孩子的困境；理解孩子如何学，就可以让沟通互动更有效。这或许正如《等她二三秒》的作者刘碧玲所言："这些孩子的努力是否在社会上产生意义，靠的是大家的理解。"

希望这本书只是开始，期盼这些概念可以发挥抛砖引玉的效果，引发更多的共鸣，进而创造符合孩子能力的解决方法。也希望通过这本书，拓宽从事儿童工作专业伙伴的视野，唯有当教育者找到通往学习之钥时，才能通过合适的策略，带给孩子明日的希望。

陈质采 谨识

2006 年 1 月 6 日

序

我们在对中重度沟通障碍者沟通干预上取得的一些大进展，或许是源于对孤独症独特的学习类型理解的增进。大量的研究显示，孤独症人士在信息加工方面具有完形加工的优势。这样的加工方式有利于理解具有空间规划性而非短暂性的信息，但在加工分析性、顺序性的信息方面较弱，这就造成他们难以理解临时组织且短暂的信息（Prizant & Schuler, 1987）。

对这种独特学习类型的研究，让人们更理解孤独症及其他语言沟通障碍者的语言和沟通问题。理解得越多，沟通干预的方式和策略才会越完善，孤独症及其他障碍人士才能获得越有效的沟通技巧。

在《促进沟通技能的视觉策略》一书中，沟通专家琳达·A.霍奇登（Linda A. Hodgdon）基于多年辅导孤独症儿童的经验及对其学习类型的研究，提出许多沟通干预策略在实践中的运用建议。这是一本"方法"书，旨在帮助家长、教师、言语语言病理学家和其他人找到应对孤独症和其他严重沟通障碍者常见的沟通和自我管理问题的办法。这本书提供了丰富的生活实例和翔实的图解说明，为想要使用有效策略改善沟通的人们指明方向。所有策略和实例皆曾在霍奇登的临床和教学实践中得到检验，并证实有效。

与许多重在促进表达性沟通的孤独症沟通干预方案相较，霍奇登的"视觉辅助沟通"（Visually Mediated Communication）策略有相当多独特的着眼点。她的干预重在理解——理解环境、要求和指令、人和语言。其策略在促进理解上的有效性，是整体沟通干预方案成功的关键因素。

许多孤独症和其他障碍者碍于独特的学习类型，深受理解之苦，特别是语言的理解。而对环境、期待及他人的理解，又是表达性沟通技能的发展基础。

霍奇登干预方案的另一个独特之处，在于将"视觉辅助沟通"策略视为身体"工具"，辅助表达内在心理过程，如语言、记忆、计划及自我控制。她的方法符合维果茨基（Vygotsky）的行为自我调节理论（如自我指导、自我决定）。在维果茨基的理论中，语言是首要工具，先由他人引导和辅助孩子表达想法和行为，最后成为孩子使用的"内在语言"（inner speech），指引自己的行为和问题解决（Vygotsky, 1978）。对有些人而言，由于学习类型的差异，语言很难作为工具，必须利用其他辅助工具，最终实现想法和行为的自律。霍奇登的干预方案清楚地佐证了这种从身体工具（视觉）到心理工具、从行为和想法的他律到自律的转变。

建立在理论和研究的稳固基础上，本书提供了丰富的实例、图解说明和干预建议。书中内容井然有序，易于按图索骥，并且以"一问一答"对话的形式展开，简洁易懂。这是促进孤独症人士沟通的必备手册，也是辅导中重度语言和沟通障碍学生的"宝典"。

凯瑟琳·S. 皮斯托诺博士（Kathleen S. Pistono, Ph. D.）
言语语言障碍咨询师
密歇根州克林顿镇马科姆中等学校（Macomb Intermediate School District）

参考文献

Prizant, B. M., & Schuler, A. L. (1987). Facilitating communication: Language approaches. In D. Cohen and A. Donnellan (Eds.), *Handbook of autism and pervasive developmental disorders* (pp. 316–332). New York: Wiley.

Vygotsky, L. S. (1987). *Mind in society: The development of higher psychological processes*. Cambridge: Harvard University Press.

前　言

　　这本书提供了切实有效的概念和技能，呈现了一些教育工作者借助扎实的理论和研究，将加入的少许创造性的试验转换成中重度沟通障碍学生有意义的训练和干预工具。这些信息是经年累月辅导孤独症、情绪障碍、学习障碍、注意力缺陷障碍及认知障碍等学生的成果。

　　当我们辅导学习风格不同的学生时，要对我们最熟悉的教学策略与目标进行测试。学生可以学，问题是他们学什么？怎么学？找到这些问题的答案是专业人员或家长的责任之一。他喜欢什么？她又对什么有兴趣？他想要或不想要什么？最重要的是，我们需要去发现他如何学？她又怎么理解？这是学习之钥，回答了隐藏在行为和知觉障碍背后的是什么，以及如何有效地解决这样的问题。经过这样的过程，我们发现许多学生的理解过程用看的比听的来得好。

　　就是经过这样的发现过程，"视觉支持沟通"（Visually Supported Communication）或"视觉辅助沟通"（Visually Mediated Communication）这一策略得以产生和发展。这一次的成功营造了下一次成功的契机。当学生或教师从其中一个概念获益，就会尝试接受第二、第三个概念。长久以来，成果斐然。教师及家长也清楚地表达了对此教学方向的热情支持。

　　不论成人说什么，学生的反应才是对有效性的真正检测。视觉工具的价值体现在学生的反应及使用情况上。就像总忘记日常常规的杰伊，冲进教室查作息表，找出今天要做什么，这就足以看到这概念的价值所在。克拉拉那天因抽出她的规则单去告诉另一个同学要安静，而达到新的沟通水平。当龙尼看到其他同学利用视觉工具来安排生活时，他也问老师是否可以有一些"特别的图片"。杰伊、克拉拉、龙尼及其他类似的学生，皆因沟通系统增加了视觉支持，其生活质量得以改善。

　　有严重沟通障碍的学生一般会出现零碎片段的技巧和不一致的表现。这本书启发人们跳出传统的教育焦点，或拓宽视野。在以往的沟通训练中，人们总是把目光聚焦在发展学生的表达性沟通技能，以及提供策略帮助学生把信息传达给他人方面。而视觉辅助沟通则是结合工具和概念，将焦点转移到提高学生的接收能力上，为学生试图理解和解释信息提供支持，最终获得更多的理解、投入和参与，让表达更有效。由此可见，视觉工具为学生和其所属世界的沟通提供了支持。

视觉策略的扩展使用是教育方案的一个发展方向。不过，许多人都或多或少使用了视觉策略，只有少数人用得多。事实上，这些概念的使用常常使学生的表现发生积极且巨大的改变。这些视觉工具最初为孤独症学生开发，后由专业人员运用到不同环境、不同学习需求的学生身上。

这不是一门课程，但这些工具和策略将支持任何完善规划的实用课程。有些策略跳出传统教法，其理由将后续探讨。换言之，这些策略不需要遵循特定的发展顺序，学生适用与否，取决于个别的需求和能力表现。有些建议可以作为下决定时的参考意见。

视觉工具的设计本身并非行为方案，但所讨论的工具可以支持许多完善规划的行为方案。许多案例证明，当视觉工具为学生提供强有力的沟通和环境支持时，其他行为方案的需求将大幅减少或取消。设计与行为方案相匹配的视觉工具，可以指导方案的设计，找到使学生成功的特定细节。

这本书不会是全部，这只是开始，期盼这些概念可以引发你更多的想法。最好的资源不是提供对策来像复印机般复制，而是激发我们创造适合个人需求的解决方法。

现在挑战来了：想象你正进入一段有趣且深具挑战的视觉之旅。这旅程永无止境，总有更多使用视觉工具的机会。

第一篇

视觉辅助沟通的介绍

第一章
什么是视觉辅助沟通？

有效的沟通并非偶然，而是由信息的发出者与接收者共同努力来达成的。沟通障碍者在沟通的过程中会遇到特别的困难。幸运的是，利用视觉辅助沟通，可以显著提高他们参与的成功度。

▶ 什么是视觉支持？

视觉支持（visual supports）是通过我们看到的事物来促进沟通。从肢体动作到环境线索，视觉支持充分利用人们通过视觉获取信息的能力。视觉支持可以提升接收、加工、行为及表达的有效性，是沟通不可或缺的一部分，因此对视觉支持的有效使用对个人沟通系统至关重要。视觉支持包括下列形式：

1. 肢体语言。
2. 现存的环境线索。
3. 用于组织及提供信息的传统工具。
4. 为满足特殊需要而设计的工具。

肢体语言

用于沟通信息和澄清沟通过程的自然肢体动作会对沟通的信息产生很大影响,这些肢体动作包括:

- 面部表情。
- 身体方位和距离。
- 手势。
- 肢体动作。
- 伸出、碰触、指向。
- 视线接触、视线凝视、视线转移。

解释和使用这些自然肢体信号的能力,显著影响沟通的有效性。

现存的环境线索

现存环境包含丰富的视觉信息,比如:

- 家具的摆设。
- 人和物的位置和移动。
- 印刷类材料,如符号、信号、标志、标签及价格。
- 书面文字、说明书、选择板及菜单。
- 包装、机器上的或工作场所中的指示、说明。

解释环境中所见事物意义的能力,是帮助我们有效、自主生活的关键。

用于组织及提供信息的传统工具

大多数人通过使用各种视觉支持来协助安排生活。想想看你如何利用:

- 日历、每日记事本。
- 作息时间表、电视节目表、电影场次表。
- 购物清单、笔记、菜单。
- 符号、标签。

・地图。

・支票簿、电话簿。

・安装或操作说明书。

教导沟通障碍学生使用这些常见的视觉工具，非常重要。对于其他学生偶尔使用的技巧，这群学生往往需要专门教授。

为满足特殊需要而设计的工具

人们设计了许多个别化工具来提供应对特殊问题或情境所必需的结构化环境和信息。有些是自然环境或传统工具的变体，有些则是专为满足特殊需要而独创的。第二、三、四、五章将提供更多特殊设计所需的细节。

我从未想过我们使用多少视觉信息，这本书谈论的是这些吗？

是的。首先，这本书将探讨如何充分利用并不断完善环境的、传统的以及特殊设计的视觉工具来促进沟通。

此外，书中提供了评估指南和训练建议，以指导这些策略的实施。只要有需求，敢于去想象，视觉工具多多益善。任何一个设计优良的沟通系统都不能少了视觉策略这一项。

▶ 谁是这本书的对象？

书中呈现的策略将帮助与中重度沟通障碍学生一起生活或工作的人们。言语语言病理学家、教师及其他教育工作者、家长及其他照顾者，都会从中找到实用的信息，而顾问、督导及课程和干预方案设计者也会注意到其适用性。

这些概念很实用，不仅可以在特教界使用，也可以用

从用以改善沟通的视觉支持中获益的学生，包括下列的诊断：

・孤独症

・失语症

・注意力缺陷障碍

・行为障碍

・双语

・中枢听觉加工障碍

・智力障碍

・阅读障碍

・情绪障碍

・脆性X染色体综合征

・学习障碍

・语言迟缓

・语言障碍

・智力损伤

・广泛性发育障碍

・脑损伤（Traumatic Brain Injury）

・其他

> 请勿以为视觉支持只对非口语沟通的学生有用。

在普通教育环境中。此书讨论的许多策略适用于所有学生，并不只针对有特殊需要的学生。当融合和回归主流这样的理念在教育界占据主导地位时，学生和教育工作者所处的教育环境也将发生变化。视觉的使用能够，也应该作为一种切实可行的方式，以提升教育质量。当学生的生活横跨好几种环境时，协调不一样的人和环境，将是教育成功的不二法则。

视觉工具为学生参与和自主水平的提升，提供了必要支持。因此，在为不同需求学生设计有意义的干预方案时，如果你遇到了困难，可以从此书中获得帮助。

为了方便阅读，这本书经常以"老师"这个词代表学生的沟通伙伴、照顾者，或任何相关的人。虽然书中的大多数案例是基于学校环境演化而来，但这里的任何一条策略都适用于学生所处的任何一种环境。

▶ 谁是这方案的对象？

> 不要因你的学生不是孤独症而怀疑这些策略。在与沟通和学习障碍学生的相处中，我们发现，即使没有明确诊断，学生依然存在这样的学习类型。
>
> ・托儿所
> ・幼儿园
> ・小学
> ・初中
> ・高中
> ・成人

"视觉辅助沟通"策略原是为孤独症学生设计的一项沟通干预方案。根据观察，许多孤独症学生的行为特质与沟通能力及障碍相关。为了帮助这些学生学习，在他们的教学方案中，需要加入多样的视觉工具和策略。结果，在含有丰富视觉线索的环境中，大多数学生的理解能力和参与程度都提高了。

随着视觉技巧的推广，许多其他障碍的学生也开始使用这种策略。事实上，对于视觉支持，除了视障者，其他类别的障碍者，哪怕是那些无法符合传统诊断的人，都给予了积极反馈。这种策略以不同形式在托儿所、幼儿园及许多普通教室中被使用。在为有特殊需要的学生构建融合的班级环境的过程中，普校的老师发现这些策略适用于全班所有的学生。

我的学生们都用口语沟通，视觉工具对他们有用吗？

学生是不是用口语沟通，这都没关系。虽然视觉工具能帮助学生更清楚地表达自己，但其最主要的目的是促进学生的理解。

你提到了许多能从中获益的学生，还有其他人吗？

别忘了重新评估下列学生：

> "他明白我说的每件事。"
> "这对他太简单了。"
> "这对他太难了。"
> "他已经知道了。"
> "他不会用。"
> "他都懂，就是不听话。"
> "他知道我要的，只是不专心。"

我们往往会高估学生对听觉信息的理解和加工能力，他们不稳定的表现常被归因于行为问题或未尽力。所以，这样的学生常被诊断为有情绪或行为问题。但他们中许多人，在使用视觉工具辅助生活的方方面面后，表现变好了。请勿将他们排除在外。

视觉沟通策略（Visual Communication Strategies）的使用让许多学生认识到了自己的优势和擅长的技能，并为他们扬长补短或扬长避短提供了系统性支持。

> 不要因为学生会说，就以为他明白。

目前，由于医学与教育领域对孤独症定义的不断修改，孤独症学生的人数在不断增长，但只有少数教育工作者接受了专门的培训来教导这些学生。事实上，许多专业报告显示，因为缺少相应的知识与经验，比起孤独症，人们更喜欢服务其他特殊需要学生。当试图针对这个群体制订干预计划时，教育工作者经常发现，对其他学生有用的策略和技巧此时却无用武之地。随着知识的累积及沟通策略的发展，这一点越发明显，即对其他学生有用的策略并不适用于孤独症学生，但适用于孤独症学生的策略，却能极有效地融入其他学生的方案中，尤其是有沟通障碍的学生。通过理解孤独症学生如何学习与理解，我们也得以理解其他学生。

▶ 为什么使用视觉工具？

因为这些方法有效！完成下列测验来重新审视你的亲身经历：

> 想想看：视觉刺激炮轰我们的生活。厂商很擅长通过视觉设计吸引我们的注意力。我们的生活处处可见视觉工具，它们给我们提供信息并操纵我们的行动，就像我们被电视这样的视觉媒介所吸引一样。

视觉工具小测验

1. 你曾在日历上写下事项来帮助安排生活吗？
2. 你在桌上或冰箱上贴过"待办事项"的清单吗？
3. 你曾经指着广告或菜单上的图片告诉别人想要的东西吗？
4. 去商店前，你会先列出购物清单吗？
5. 你曾通过标识找到排队或出口的位置吗？
6. 你曾照着食谱做出美味的晚餐吗？而每次你想做那道菜时，会重温其食谱吗？
7. 你曾留便条提醒家人该做的事吗？
8. 在餐厅点餐前，你会浏览菜单吗？
9. 为了让孩子记得刷牙，你曾制作过检核表吗？
10. 你曾在浴室镜子上贴便条以提醒自己该做的事吗？
11. 你曾根据说明书上的步骤安装过新的脚踏车吗？

对于上述任何一个问题，如果你回答"是"，表示你已经利用视觉沟通工具（Visual Communication Tools）来帮助安排生活、选择、与人沟通或完成工作。我们所使用的这些方法已成为日常生活的一部分。

再回想你的其他经历：当你光顾常去的快餐餐厅时，你是否注意到自己仍习惯浏览菜单或陈列的点心来核对选择，即使你已经知道要点什么？为什么？浏览菜单能提供什么？你其实是在使用视觉工具整理思绪和确定选择。

我们经常使用视觉支持安排生活，获得信息，实现沟通。这本书讨论的就是这类对日常生活有用的视觉工具，并为我们的学生延伸这些概念。书中谈到了如何利用这些支持辅助学生的沟通、互动，帮助他们安排好生活并促进学习。

▶ 为何视觉沟通重要?

可以描述自己感觉的孤独症人士表示,他们难以倾听、调整或理解听觉输入的信息。曾有人谈到自己在沟通时遇到的困难。例如,在电话中说一件不在现场的事物,明显比在事物现场谈要困难。她无法理解电话中所谈的事,但一旦走到现场,她就可以理解。还有些人谈到他们对声音过度敏感或无法进行选择性倾听。

有些人难以回答没有写下来的问题。有些人在嘈杂的环境里无法专心交谈,但假如有东西可以看,谈起来就比较容易专心。他们真正要告诉我们的是:

这个表述不仅适用于大多数孤独症学生,对其他有特殊需要或视觉学习型的人也适用。

想想看,有多少学生在我们的教育环境下,行为被贴上如听觉障碍、易分心、注意力缺陷障碍、多动症、听觉加工障碍、听觉记忆障碍等标签。他们虽有不同原因的听觉受损,但仍在以听觉为主的环境中生活与学习,人们往往通过听觉通道与这些学生沟通。事实上,他们中很多人的视觉记忆能力或视觉解释能力,都强于听觉。为何不发挥这方面的优势呢?

> 试着想象通过信号不良的收音机收听球类锦标赛的感觉。一再出现的电波干扰,让你很难听清楚广播人员的声音。当你吃力地收听时,你必须靠近收音机,闭上眼睛,同时让周遭的人保持安静。这样的体验难道不是和学生无法注意和理解听觉信息的情况一样吗?

> 你有录音机吗?辨认其中信息有时是不是一大挑战?当人们留的是一大堆像名字、住址及电话号码这样的信息时,你觉得如何?如果能够回放多次来获得详情,是不是很棒?想想看,生活和学校的常规,其实不易做到立即回放。

▶ 为何视觉信息比听觉信息更容易理解？

关于这个问题的答案，请先想一想你在下列情境中的感受：

你曾经到过比较精致的餐厅吗？服务生递给你一份菜单，然后连珠炮似的向你推荐今日六道特色菜，在这样的情况下，大多数人听了后，还会重复问好几次细节。口头报的菜单是短暂的信息，很难加工，也很难记住，因为总是来去匆匆。

你可能不会在意服务员的推荐，宁可看菜单来点餐。这样，在选择时你就可以来回浏览。因为菜单上的文字和图片一直待在原位。此外，假如菜单是法文，你不会说，你也可以点选，服务生会知道你要的。书面菜单并非短暂的信息，它会一直供你使用，直到目的达成。

研究表明，听觉加工障碍的学生，很难加工快速变化的听觉信息。这意味着日常交谈中的短暂线索和飞快速度，对这些学生来说是严苛的挑战。视觉刺激不是短暂的信息，它可以持续到学生加工完信息。视觉信息在某种程度上，与这些学生的能力类型相吻合。

当你说"视觉"时，我想到图片，你的意思是这样吗？

"视觉"这个名词涵盖你所看到的任何事物。肢体语言、实物及任何印刷品，都可以成为沟通的视觉支持。不过，这些东西不具价值，除非学生可以从中获得意义。好的视觉支持具备以下特征：

- 容易辨认。
- 容易理解。
- 普遍能理解。

> "有时，一个句子，我需要对方重复好多次，而每次我只听到一小段，最后我收到的是一条陌生且不合理的信息，这就好像有人乱按控制电视音量的开关。"
> ——选自唐娜·威廉斯
> (Donna Williams)
> 《无名小卒》
> (Nobody Nowhere)

> 你有过这样的经验吗？收音机或电视被当作"背景音乐"。突然，你意识到他们正说着你要的电话号码，但当你注意听的时候，讲述者已经说完，转移到其他话题，且没有机会"立即回放"。学生的感觉是这样吗？

> "我常延迟回答，因为我必须花时间，费心整理出他们所说的话，压力越大，情况就越糟。"
> ——选自唐娜·威廉斯
> (Donna Williams)
> 《无名小卒》
> (Nobody Nowhere)

图片是最普遍的媒介之一。想一想广告业是如何将信息传达给我们的。他们利用丰富的色彩、有特色的标志、照片、图片及少量的文案，有效地抓住人们的注意力。为什么总能推陈出新呢？想必投入的经费和研究，数量相当可观。

视觉支持形式的选择，依学生的能力、环境和可得到的资源而定。第八章将具体讨论这一点。现在，只要记住本书的任何一种视觉工具都可以呈现出很多形式，而你所选择的形式必须符合学生的能力水平和现行的教育目标。

> 想想看！你是如何集中注意力和忽略杂音的。例如，当环境中有音乐的时候，你可以阅读或与他人谈话吗？我们的学生中很多人都无法成功应对那样的情境。

▶ 为何这些人视觉功能发挥得较好？

接收、加工信息以及产生有意义的输出或反应，这些阶段都存在失败的风险。有很多可能的原因，我们的目标学生主要存在以下两类困难。

一、难以转移和重建注意

孤独症学生很难流畅且准确地控制注意力的转移和重建。当前的研究指出，小脑的缺陷影响感觉输入的调节能力。社会性和沟通技能的早期习得，需要具备对社交互动中迅速发生且起伏不定的信息流解释的能力，这需要对信息进行快速选择、排序及加工。这些学生的神经系统无法适当地执行这些功能。研究者指出，这至少在某种程度上，造成了孤独症人士初期冷漠、不参与的行为和听觉不一致的障碍。相较之下，这些人偏爱不变的、可预测的事物（Courchene，1991）。

二、难以注意重要的声音和忽略背景噪声

一般的环境会同时存在许多声音，有沟通意图的信息、关门声、搓弄纸张的声音以及其他声音。普通听众可以忽略背景噪声，选择性地注意重要的沟通信息。然而，

> 这群学生学习语言的方式不同，他们并不是用常用模式解释他人的话或习得口语表达。对他们而言，有目的的语言常以片段或整块的方式出现，他们无法有效理解更具体的文字用法及更微妙的文字和文法的差别。例如，当有人问："你好吗？"学生回答："很好！"假如问题改成："你几岁？"学生可能还是回答："很好！"假如按照惯例，你指着空牛奶盒，告诉他"放到废纸箱里"，他会照做。假如你仍然指着空牛奶盒，指令改成"放到柜台上"，纸盒最后可能还是在废纸箱里，这些学生是完形学习者，他们学习"一大块"，无法妥当地分析这大块中的小片段。

> 这些学生可以对简短的词组或常规指令做出适当回应，但难以理解更复杂的语言。他们对视觉线索的学习优于听觉线索。一般常见的教学是通过使用扩展的叙述和指令，增加语言的输出。其实这恰好与学生的需求背道而驰。

> 表达性沟通问题通常最显而易见，人们却难以意识到注意和加工信息的困难。究竟学生能多巧妙地利用环境支持，将造成其沟通能力的明显差异。

> 有些学生属于所谓的"慢加工"（slow processing）型。他们接收信息、解释和做出有意义的回应，所花的时间比一般人长。你可以想象学生在加工过程中，若经常被重复的要求打扰，将导致每次都得从头开始的情况。

有些听众无法做到，他们等量地接收了所有听觉信息。由于无法进行选择性倾听，他们就变成了全有或全无的"声音接收机器"，这是无效的系统。

现在，回想我们对短暂及非短暂信息的讨论。口语、手势、肢体动作等沟通方式是短暂的，它们只持续非常短的时间。那些要求连续加工短暂信息的任务，就击中了孤独症和其他沟通障碍者的弱点。相对地，这些学生显示出解释非短暂信息（如视觉）的优势，他们以"完形"（gestalt）形式加工信息。"完形"的意思是，信息的解释是以整块而非成分分析的方式展开（Prizant&Schuler，1987）。

难以转换和重建注意的学生却极力想要抓住嘈杂环境中短暂听觉信息的要点，再加上可能是以"全或无"的方式接收短暂听觉信息，这对他们来说会有多难！结果就是，这套系统没法让他们理解环境。学生还没注意听，话却已经说完了。

相反，视觉（非短暂）沟通信息的呈现，给孩子提供了在信息消失前注意的机会。视觉信息的稳定性，让学生有时间解除、转换及重建注意。这样的过程让许多学生明白，他们用看的比用听的好。更何况，持续可见的视觉信息，使学生有足够的时间注意或在需要时回顾，以便记住沟通时所要的信息（Quill，1995）。

在教育环境中，许多学生的行为被贴上如听觉障碍、易分心、注意力缺陷障碍、多动症、听觉障碍、听觉记忆障碍等标签，造成他们障碍的原因虽很多，至少对部分缘由的了解，可为我们设计干预方案提供有用的见解。他们听觉受损的原因虽有不同，但仍在以听觉为主的环境中生活和学习，人们往往通过听觉通道与这些学生沟通。事实上，他们中很多人的视觉记忆和视觉解释能力，都强于听觉。

利用视觉工具辅助沟通互动并促进理解，这是非短暂性基石，它让沟通更有效。这是发挥学生的优势，而不是对他们的短板提出更多的要求。当习惯以视觉工具提供信息和指令时，这些学生的理解力明显提高。对许多中重度沟通障碍者而言，利用视觉辅助沟通，比只是跟他们说话更加有效。

终于明白了。我开始理解了。我们讨论的包括使用口语和非口语的学生吗？

我们往往通过观察学生的说话能力或其他表达自己的方式，对他们的沟通能力做出判断。但不要忘记，表达只是沟通环节的一部分。

视觉沟通工具的使用，并不取决于学生的说话能力。这些工具对使用口语和非口语的学生都有用，如何使用在一定程度上是依据学生接收和理解信息的能力而定的。

我们建议再次将教学焦点放在理解上，因为这关系到学生的行为和学习。本书提到的视觉沟通工具可以同时提高接收和表达两种技能。其中有许多是作为给学生提供信息的接收工具被使用，而附带的效益是提高了学生的表达能力。

本书注意到这些学生相关的优势和缺点，并调整沟通环境来迎合他们的需要。这不仅是利用视觉工具促进沟通的过程，也创造了更有效的沟通互动环境。

老师不是这样做了吗？

观察当下的教育环境，通常很少看到视觉工具的提供。大多数人很少使用视觉工具；只有少数人坚持经常使用，并尽可能将其融入班级的沟通中。

> 是否需要视觉支持，与学生的说话能力无关，而是取决于学生的理解力。视觉工具对口语和非口语的学生都有用。

> 人们普遍认定学生所理解的比表达的还多。擅长口语的学生因口若悬河，特别容易被误解。他们能说，但并不代表他们理解每件事。他们所显现的口语能力会被曲解为全面的沟通能力。

■ 什么是手语？手语是一种视觉媒介

我很高兴你这么问。当提到视觉策略时，我们通常会想到手语。毕竟，手语是视觉性的。

在本书中，视觉沟通策略强调两大目标：

目标 1：以非短暂特性的媒介来沟通

别忘了，考虑到许多学生所需的处理时间，有效的视觉支持在很大程度上取决于工具所提供的非短暂信息。手势是短暂的信息——移动、存在，然后消失。

目标 2：使用普遍可理解且能够快速被认出的符号

手语未被大多数人所理解。事实上，即使受过一些手语训练的人，也会困惑于不同系统的手语和学生不精确的手势。虽然手语在许多沟通系统中占有一定地位，但也有其限制。

好处是什么？

学习手语已经成为一些学生有意沟通的入门课。许多报告显示，非口语学生通过手语打开了他们的沟通世界。有趣的是，学习手语后，有些非口语沟通的学生开始交谈，就好像手部动作触发了口部动作。

从接收的角度看，手语搭配口语说明，往往是抓住学生注意力的有效方法。与其他沟通工具相比，双手总是如影随形，不会被遗忘且方便携带。对于那些生活在以手语沟通为主的环境（如听力障碍社区）中的人们而言，手语沟通系统使具认知能力的学生得以展开精准的沟通。

问题是什么？

想一想那些沟通障碍学生的情形。别忘了，他们中许多人无法有效加工短暂信息。此外，他们可能在语言理解、动作计划、注意力、抽象陈述的理解、记忆及使用其他辅助技能上都有困难。

- 有动作困难的学生无法重复手语所需的精细动作。
- 由于动作和记忆困难，学生自制个人化手语。
- 如果介绍太多手语，许多学生无法有效分辨其细微差异。
- 实际上，那些学习大量手语词汇的学生，只能和少数人展开有效沟通，因为人们多半不懂他们的词汇。
- 手语是让属于非短暂性、完形、具象学习类型的学生，试着学习短暂的、分析性的及抽象的系统。
- 手语不是通用的理解系统，很多人不懂手语，尤其是学校以外的人。

我不该使用手语吗？

不是。但为了有效运作，必须谨慎设计学生的沟通系统。为此，如果将手语作为学生的沟通系统之一，那么也应该纳入具有非短暂、普遍及具象特性的视觉工具，因为有效的沟通系统应该涵盖这两方面的因素。

▶ 普通班级（或沟通环境）是什么状况？

在普通班级中，大多数老师与学生用口语沟通，在家里和社区里也是如此。我们知道许多学生的视觉表现优于听觉，然而大部分时间，他们仍生活和学习在弱势沟通技巧备受挑战的环境中。

既然教室以听觉为主要沟通通道，学生该如何回应？

孤独症、沟通障碍或行为问题学生的老师和照顾者通常会观察学生的参与方式。常见的描述包括：

"他真的很不稳定。"

"她只做她想做的。"

"他操控每个人。"

"她不专心。"

"他始终'不注意'。"

"他很刻板，即使事情已改变，他仍执行常规。"

"她不能应对变化。"

"当我们做些改变时，他就会出现行为问题。"

这些观察者也很容易提到学生的倾听能力：

"他理解我说的每件事，只是做得不恰当。"

"他的确知道我要的。"

"他理解我的意思，只是太固执。当他想做的时候，就一定要做。"

即使学生的表现和参与不稳定，老师仍确信学生可以理解。因此，不遵循指令就被解释为学生的选择性行为。

观察发现，许多学生难以有效使用所处环境中的听觉信息，问题不在于听力，而是在于注意、接收、加工、产生意义及做出回应的过程。他们极度依赖示意动作和其他视觉线索，以及在他们熟悉的环境中已形成的常规。总之，他们对周遭要求的理解是基于将环境中的视觉信息和预期常规拼凑起来，而非对特定口语信息的理解（Prizant&Schuler，1987）。

> 作为教育者，我们很多是被"口语刺激"和"扩充口语"策略训练出来的"口语"学生，就功能上来看，就是"多说话"。当孩子做的越少，我们就说的越多。通过观察真实生活的互动，我们发现，许多学生被迫接受口语沟通的程度，远超过他们期望能理解的。

你可以举例吗？

这里有一个例子。琼从学校回家，站在门口，母亲牵着她走到衣柜旁，说："脱下外套，把餐盒放到厨房里。"琼跟着指令去做。琼到底是在对这些话做出回应，还是在执行一个有了线索的常规呢？

还有另一个例子。午餐后,马克开始帮忙清理桌子。当他拿起杯子时,老师指着水槽,告诉他把杯子放到水槽里。马克把杯子放到水槽里。是什么线索让他有此反应?他是通过老师的口语,还是所看到的实物及示意动作接收更多信息呢?

再看看这样的情境。老师递给玛丽一个空牛奶盒,告诉她放在老师的桌上。玛丽拿着空盒子,丢到了废纸篓里。什么线索对玛丽有意义呢?她是根据这个盒子联想到习得的常规来做出回应。

我们应该教导学生不要采用这些线索吗?

这些学生注意示意动作和情境中的线索,不好吗?当然不是!所有的沟通者都在很大程度上依靠视觉线索对信息做出精确解释。研究发现,一般的沟通信息包含:

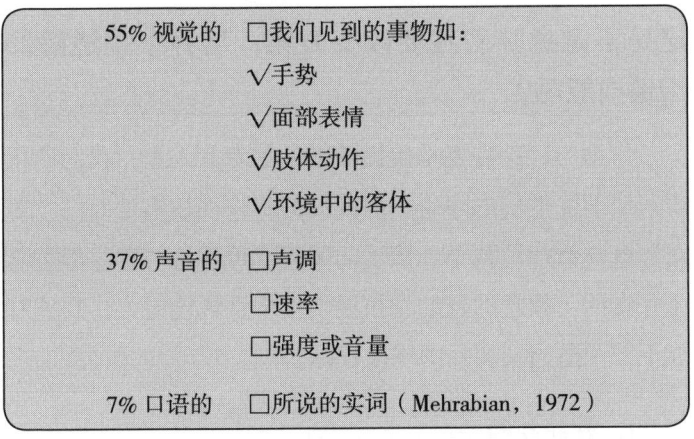

关注下述情形的学生:
- 他喜欢操控。
- 他的行为就像听不见一样。
- 她总是不稳定。
- 他非常容易分心。
- 她封闭在另一个世界里。
- 他只做他想做的。
- 她不专心。
- 我知道他理解,他只是不想做而已。
- 她理解我所说的每件事。
- 有时他能进入状态,有时则不能。
- 她不喜欢倾听。
- 她很固执。
- 他能做其他事,也应该可以做这个。

如果我们的学生理解听觉信息比普通人差,这一点已得到确认,那么,想想看,在沟通中,他们实际理解的口语又有多少?

不合作、独立性差,其实源于他们没有充分理解别人对他们的期待或者即将发生的事情。他们只能精确地解释片段的沟通信息。所以,观察沟通障碍学生能否利用和理解支持信息，认识到他们能理解多少口语信息，这很有用。换言之，知道什么样的线索对学生的理解作用最大，这将对计划和训练目的的设定产生很大影响。

▶ 如何使用这些信息？什么符合这些学生的需要呢？

> 你如何教导以 90% 视觉和 10% 听觉沟通的人？

考虑这些情形：

这些学生是以 90% 视觉和 10% 听觉沟通的。虽然这些数字只是基于观察所得，并非有意义的统计证据，但这数字提供了一些想法、一种态度。对于 90% 视觉和 10% 听觉沟通的学生，你如何与他们沟通？你如何教育他们？其实，许多学生就是在以这样的方式沟通，即使他们的听力正常。

这是不是意味着我要改变方案，培养学生适龄的沟通技能吗？

作为为特殊需要学生提供服务的专业人士，我们期望矫正或消除他们的障碍，但我们的工作往往不是专门"矫正"或"治疗"孩子。孩子的障碍或可辨认的学习形态总是存在的。教育的目的是拓展学生个别最佳能力，具体有如下三个适当又实际的终极目标。

1. **教导技巧**

需要帮助学生发挥最大的潜能。他们需要学习策略，让沟通互动有效、高效、通用，且广为社会所接受。

2. **教导代偿性策略**

视觉支持的使用，有助于提高学生的参与度和独立性。毋庸置疑，独立性是教育的长远目标。

3. 改善环境以达到最佳学习状态

了解学生的学习方式，基于此，改善环境，设计教学策略，使他们有机会更有效地学习，并在有限的时间内达到最佳状态。

这些想法让我重新考虑学生的方案目标

鼓励大家通过"眼睛的沟通"来观察学生与他们的学习环境。当评估沟通的参与度时，请同时考虑接收和表达两个方面。当需要辅助沟通或提供环境支持时，宜考虑采用视觉支持。视觉支持是综合性沟通系统中重要的一部分。

> 普通环境以口语为基本沟通方式。然而，对有些学生而言，利用视觉优势可使沟通更有效。

有许多需要考虑的，可从何处开始？

先好好研究视觉工具的使用范例。

> 为了不冒着被说是"神奇疗效"的风险，比较安全的说法是，当将视觉工具的使用作为沟通系统的一部分时，几乎所有的学生都能从中获益。

第二篇
视觉沟通工具范例

设计视觉工具的目的是辅助沟通。当沟通问题出现时，沟通的连续性将中断，环境需要重组，行为需要改变。这个过程需要使用视觉工具辅助完成。本篇提供了各类范例，展示了不同年龄层和能力水平的学生使用视觉工具的情况。

本篇分成四个章节，分别说明视觉工具的选择标准。
- 提供信息的工具。
- 发出有效指令的工具。
- 组织环境的视觉策略。
- 促进环境间的沟通。

范例将展现如何根据特殊需要开发工具。你也会注意到章节之间会有自然重合，许多工具具有一种以上的功能。

这些工具适合什么年龄与能力的学生？

本书坚持的原则是提供符合个体需求的支持。书中的观点、策略适用于从幼儿到成人，从重度智力障碍到天赋异禀的学生。大多数学生都能从这些工具所提供的结构化环境中受益。

建议你在浏览这些范例时，想一想你的学生。开始时，想一想这些一般性概念如何运用在学生的情境中。具体如何操作依需要考虑的因素来定。第四篇将会具体讨论如何评估学生、分析环境及解决工具使用过程中的细节。

第二章
提供信息的工具

沟通的主要功能是提供信息,在普通学校或家庭里:
- 大部分的信息是通过口语传达的。
- 往往认为学生已经知道或记住了特定的信息。
- 认为学生已经知道,导致几乎没有向学生提供信息。

视觉工具,如时间表、日历等,主要是以逻辑性、结构化、顺序性的形式提供信息。大多数人都或多或少地用这样的工具来安排日常生活。我们的学生也可以从中获益。不过,由于有些学生无法从这些传统形式的工具中获得足够的信息,所以有必要对这些工具进行改良和升级以增加可获得的信息。

为学生提供具象化的视觉信息,可以帮助他们应对一天当中可能造成困惑或挫折的许多事件。这些工具为学生提供了必要的结构化环境,让他们更容易处理那些困难的情境。

以视觉的形式呈现信息:
- 帮助建立和维持注意力。
- 给学生提供快速且容易解释的信息形式。

- 阐明口语信息。
- 以具象化方式教导如时间、顺序、因果关系等概念。
- 提供结构化环境以帮助学生理解和接受变化。
- 提供支持，帮助学生接受活动或场所之间的转换。

▶ 时间表

要想使班级运行良好，时间表必不可少。它可以促进学生的理解与合作。时间表让班级保持井然有序，这一点对维持学生的稳定表现很重要。

但学生都知道常规，时间表真的必要吗？

我们常常认为学生知道他们的时间表和常规，但实际上他们经常不知道、不记得、不确定、不想做应该做的事情或者就是分心了。时间表帮助澄清工作人员和学生之间传递的信息，并有助于把学生拉回到当下的活动中来。此外，时间表可以成为环境中许多其他沟通工具的基础。

时间表给学生提供信息，如：
- 今天发生了什么事？（常规活动）
- 今天还发生了什么事？（新的、不同的、不平常的）
- 今天什么事没发生？
- 事件发生的顺序是什么？
- 什么改变符合我的预期？
- 什么时候停止某一活动，移向下一个活动？

范例

问题： 克里斯早上八点下公交车，他眼巴巴地看着随身的便当盒，嚷着

> 想象一次旋风式的欧洲旅游，七天游六个城市。你发现导游忘了给你旅行指南，每天你不知道要去哪里、会看到什么、何时用餐，这是不是糟透了？我们有多少学生，每天就是生活在这样的感觉中。这是他们墨守成规的原因之一。

要吃午餐。当老师告诉他必须等到午餐时间才能吃时，他开始大发雷霆。

解决方法：像"现在你不能吃，你必须等到午餐时间"这样的口语反驳无法安抚克里斯。午餐时间是什么时候？为了让他理解，我们需要设计一个每日时间表（daily schedule），

引导他依事件的顺序进行活动直到午餐时间。那么，当他早上想吃午餐时，你可以把时间表拿给他看，并指出午餐前要进行的活动。时间表将会帮助克里斯建立清楚且可遵循的常规。

问题：卡尔知道每天午餐后会去体育馆。有一天，体育老师请假，卡尔因为这个常规的改变不能去，而大发脾气。

解决方法：给卡尔制作一个含有体育课的每日时间表。然后，通过划掉或遮住体育课图片并呈现替代活动图片的方式，让他看到这一变化。让卡尔参与时间表上活动变化的过程，可以帮助他理解这个过程。

问题：萨拉难以和班上同学进行相同的活动。当某一活动结束，换到下一个活动时，她都不愿意换。活动期间，她不待在团体中，而是在教室里逛或跑到游戏区把玩具拉出来。

解决方法：利用时间表，和萨拉一起建立一套活动改

变时的常规。当改变时，和萨拉一起拿掉时间表上的上一个活动，并确认下一个活动。假如萨拉离开，利用时间表引导萨拉回到当下的活动，向她出示并告诉她："时间表上说_____。"

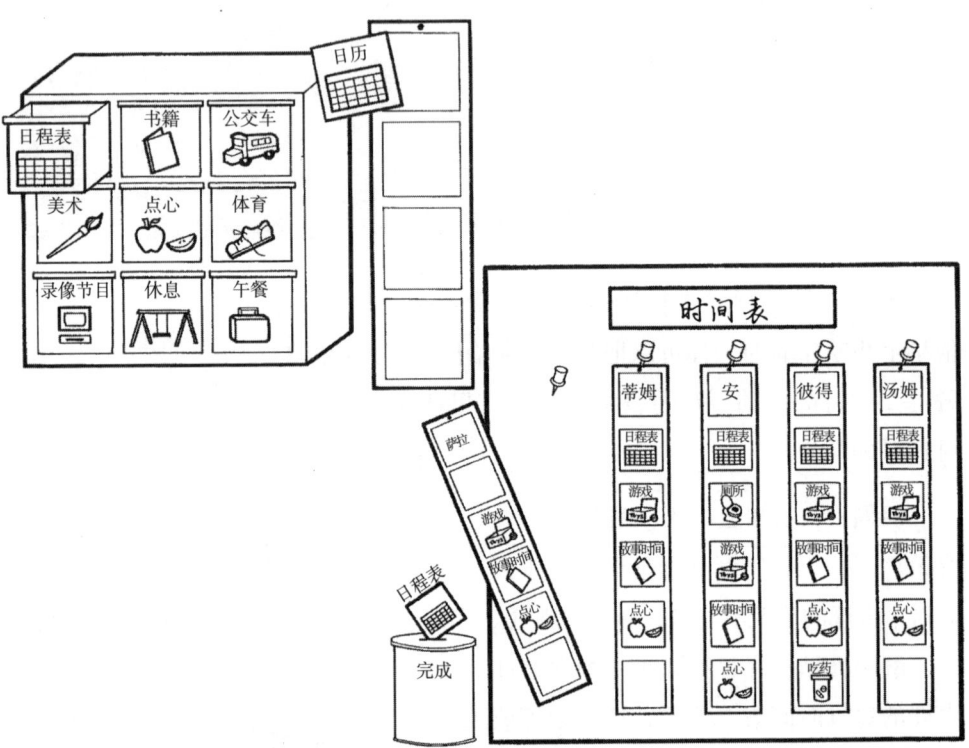

如何设计每日时间表？

1. 把一天分成几段

找出对学生来说发生变化的时刻。例如：

· 从一个房间换到另一个房间。

· 在教室里换位置（从大桌子到小桌子，或从坐在角落的地毯上到围成一圈的椅子上）。

· 换到使用不同材料的活动。

· 换老师。

列出一天当中的每一个活动既没有必要，也不太可能。这会使时间表的制作太麻烦。选择对学生来说最重要或最有意义的活动。涵盖多少内容视学生理解而定。别忘了，迷你时间表也可以细化特定时段或个别活动（详见迷你时间表，32 ~ 36 页）。

2. 命名每段时间

确保从学生的角度，给每段时间命名，名称应提供有关位置或整体活动的信息。可以试试使用下列名称：

时间表	作业治疗	音乐
工作	工作时间	烹饪
午餐	准备午餐	打扫
数学角	厕所	圆圈时间
有氧运动	电动游戏	团体时间
独立工作时间	体育	休闲
休息	游戏时间	图书馆
逛街	作业	美术
电脑实验室	16 教室	音乐
今日在校	苏老师的教室	校外培训

有些活动的名称是特定的（有氧运动），有些则笼统（工作时间），这样便于在不同天里的同一时段安排不同的活动。

令人惊讶的是，许多班级在从一个活动换到另一个活动时，并没有给学生即将进行活动的具体名称。想想看，如果你做的事情没有名称，或在不同时间叫不同的名称，你是不是也会有所困扰。

可以将个别学生的特殊需要放入主要的时间表里或者他们个人的时间表里。

| 吃药 | 厕所 | 作业治疗 |

3. 选择呈现形式

选择学生容易识别的形式，以便他们能够快速且总是准确地认出那些项目。符号的辨认越省力，学生从活动时间表中得到的好处就越多。为全班设计时间表时，宜选择让所有学生都容易理解的形式。最好是用每一个学生都可以理解的较为简单的形式，而不是复杂且与某些学生脱节的形式。

考虑使用：

- 书面文字。
- 统计图表、线条图。
- 照片。
- 符号、标志、实物。

将文字与图表结合的方式，往往是最佳选择。使用图片时，标上有关活动的正确文字。由于许多摘自图画书或语言方案的图片已被标示并作不同用途，所以当你用这些图片沟通时，需要更换图上的文字以明确表达你的用意。标示那些项目可以达到更好的效果，因为：

- 提到某一活动时，每个人将使用一致的专门用语。这种图文结合的方式将提高学生辨认的速度。
- 许多学生将跟着图片学习认字。

4. 选择格式

为谁设计：

- 团体时间表？
- 个人时间表？
- 两者？

如何确定时间节点：

- 需要将特定的时间与学校上下课铃声以及功能区划分进行协调吗？

- 活动的顺序和特定的时间，哪个让学生更容易理解？
- 以上两方面都要考虑？

外观：
- 挂图？
- 可复印、可分发？
- 可以置于一本书、文件夹或三孔活页夹里？
- 可塑封？
- 可以写在纸上以折叠放入口袋？
- 可以放在皮夹里？
- 可以夹在写字夹板上？
- 可以写在黑板上？

需要多大：
- 大到整个教室都看得见？
- 小到可以放进口袋？
- 小手可操纵？
- "正常"大小，不致引起特别注意？
- 可携带以满足个人活动的需求？

摆放的位置：
- 挂在墙上？
- 放在小桌或大桌上？
- 放在口袋里？
- 放在个人文件夹、活页夹或书本中？
- 其他？

可移动的程度：
- 学生大部分时间待在同一教室里？
- 学生会换到数个场所？

5. 一早决定学生如何参与到时间表的准备中

每天一大早应该安排一些活动，让学生有机会设计和讨论他们的时间表。参与制定时间表很重要，如果学生积极参与，而不只是看着其他人准备东西，这将有助于他们内化信息。

可以参与的活动：

・老师为班级写下或制定时间表。

・学生观看并和老师讨论。

・学生用纸笔、打字机或电脑誊抄时间表。

・学生给时间表配上图片。

・学生复印老师的时间表。

参与的形式：

・个别活动。

・团体活动。

小提醒：让学生参与制定时间表，可以帮助他熟悉一天的活动。参与的方式视学生的年龄和理解能力而定，关键在于积极参与。

6. 决定全天如何运用时间表

老师或学生参照时间表，表明活动结束的时间。

形成活动常规：

当需要转换时，可以采用一些常规动作：

・完成一项，就划掉该项或在它上面打钩。

・图片翻面。

・拿掉表上完成的项目。

・确认下一个活动。

・指出新的活动并使用口号。

・转移到新的活动。

・如果需要，拿着与时间表对应的图片、实物，或其他可见线索，引导学生转换至新的场所。

使用口号：

让执行时间表的过程成为一种语言活动。老师或学生应该使用语言将整个活动的转变过程表达出来。

一边做着上面提到的常规动作，一边使用口号："休闲时间结束，现在是工作时间。"这个过程可以帮助学生注意到转换，使他们能够更独立地掌控情境。

鼓励学生积极地喊口号，即使没有口语或语言受限的学生也应参与这部分。试着使用填空的方式，"休闲时间结束，现在是_____"。不论用什么方式，确保他们参与到轮流填空中，他们可以拿掉图片、做示意动作或喊口号，重要的是轮到他们时，要表达一些东西。许多学生通过这些活动反复使用口号，最终习得具有功能性的词汇。

学生如果有较多的语言，就能参与讨论简单口号外的话题。聊聊什么结束了，接下来要做什么。

- 将发生什么？
- 去哪里？
- 需要什么材料？
- 遵循什么规则？

7. 如何使用时间表？

- 跟着做。
- 如果你不跟着做，就换掉。
- 让时间表成为常规的重要部分。
- 当沟通相关信息时，能便于回去查阅。
- 当作有用的工具。
- 为有效使用时间表，应在方案中给予足够的时间。
- 运用时间表创造结构化的生活环境。
- 当作促进交谈和丰富语言的资源。

小提醒： 将时间表整合至日常活动流程中，以达到

> 除非成为常规的一部分，否则再好的时间表都不能起作用。

最佳效益。

8. 利用时间表与人沟通

每日时间表是非常好的资源，可以帮助学生提升与人沟通、生活的能力。时间表可以支持不同环境中的个体沟通所需的信息。

- 时间表可以辅助沟通。
- 时间表或其复印件可以被带回家。
- 时间表可以促进家庭与学校的沟通。

促进环境间的沟通（参见第五章）将详尽阐述使用时间表增加沟通机会的方法。

▶ 迷你时间表

每日时间表列出了学生一天的主要课程和转换时间，而迷你时间表（mini-schedule）则是对每日时间表的补充，它既实用又便利，可以把每次活动纳入其中。迷你时间表是在较短的时段或特定的活动课程中，引导活动的选择或指明活动的顺序。

例子：每日时间表上显示现在是烹饪时间。学生按照迷你时间表的指示，准备好三明治和冰红茶，并排好桌子。

迷你时间表和每日时间表的格式不必统一。因为迷你时间表用于安排一天较小的时间段，所以它应尽量包含需要的细节，以达成目标。

有这么多时间表，不是很混淆吗？

如果结合得很好，就不会。可以用每日时间表上同样的符号标示迷你时间表。然后，学生学习辨认主时间表的活动，并寻找迷你时间表上相同的符号。告知学生这些工具的存放位置很重要，可以方便他们在需要时取用。

迷你时间表能达到什么目的?

有两个主要目的：

1. 同每日时间表一样，为学生提供将要进行的活动信息。
2. 迷你时间表为独立的工作习惯的教学提供了非常不错的结构化环境。如果学生能够按照时间表从一种活动转换到另一种活动，那么接下来就可以教导他们在不太需要督导的情况下，执行较长时间的任务。

范例

问题：从校车下来到进入教室的转换期间，杰克会出现各种行为问题。他经常忘了拿上书包、坐在走廊上或企图从工作人员那儿跑开。由于还没进到学校，他没有机会参照每日时间表行事。

解决方法：设计一份迷你时间表，安排好从校车到教室这个时间段。看起来，杰克很受转换过程中的行为、动作影响，以致忘记什么是实际应该做的。口头告知并向杰克呈现下一步该做的事情，能帮助他忽略使他分心的事物，专注在下一个有目的的活动上。工作人员要杰克带着迷你时间表，以便参照执行。

问题：保罗难以完成班级常规。当他在执行时，他会被周遭的空调、电脑及其他物品分心。早上到校这样的常规都让他感到沮丧，因为保罗比其他学生需要更多的指示或一再提醒来完成这些事情。

时间表和迷你时间表格式		
主时间表	保罗的迷你时间表	玛丽的迷你时间表
8:30 到校	外套 午餐盒 给老师家庭作业 卫生间 游戏	
8:45 问候		
9:00 学业	制作购物清单 计算机作业 卫生间	制作购物清单 剪优惠券 准备钱
9:30 点心	排桌子	制作果汁 收食物 清理
10:00 购物		
11:00 烹饪	制作法国吐司	排桌子 拿出调味料 准备点心
11:30 午餐		
12:15 梳洗	吃药 卫生间 刷牙 洗脸 梳头发	

解决方法：制作迷你时间表，帮助保罗更独立地执行常规。

主时间表列出一整天每一时段的常规，迷你时间表则依据学生的特征，安排每个时段内活动的顺序。有两类迷你时间表：

1. 辅助完成一般的常规。
2. 提供关于某个特定活动改变的信息。

迷你时间表只在学生需要时使用，如到校及梳洗时间。保罗需要时间表提示以遵行常规，玛丽则不需要辅助就能够执行这些重复的常规。两个学生都有活动改变时段的迷你时间表，那些迷你时间表每日更换，以适应每日的课程计划。

问题：这位老师希望学生能够在较长的时间内坚持独立完成作业。她希望学生在没有老师提示的情况下，开始并完成一项工作，然后转换到下一项工作。

解决方法：制作一些迷你时间表，指引学生独立完成一系列活动。

每日时间表列出主要活动时段。每个学生都有一个迷你时间表夹，夹内的迷你时间表以时间表上对应时段的文字和符号标示。

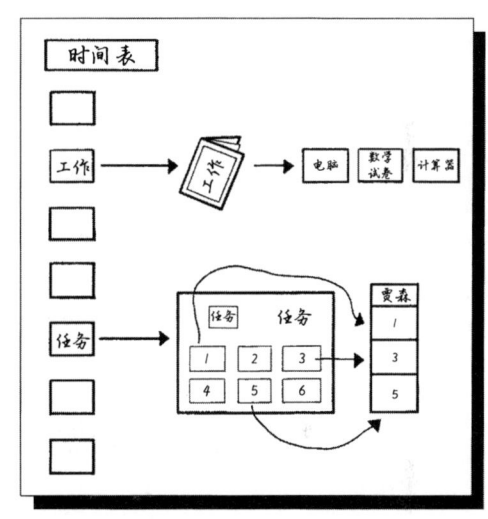

每日时间表上有"任务"一项。一大早，当学生组合时间表时，他们可以从"任务"板上选出具体任务，放入活页夹里。然后，当时间到了，他们拿出"任务"的迷你时间表，以提醒自己那时段应完成的任务。于是，学生跟着迷你时间表依序完成所选任务。

如何制作迷你时间表？

迷你时间表的制作可以仿照每日时间表的制作流程。不过，迷你时间表不需要与每日时间表的形式和格式完全一样。例如，班级时间表是以黑白线条画成，但迷你时间表可以根据个别学生需求及所纳入的特殊项目，以照片、手写的清单或任何合适的形式设计。或许，班级时间表是贴在公告栏或装在学生的口袋里，但迷你时间表则是一本小图画书或贴在某个工作区里。

> 能预测或预期一天的活动，给学生提供掌控、安全及独立的感觉。

小提醒：每日时间表通常适合管理全班，形式应尽可能普遍，以符合广大需求。迷你时间表则让规定时段更个别化，其形式应符合特定的学习目标。

重点：时间表可以：

· 为学生提供生活信息。

· 帮助学生发现生活中的逻辑和秩序。

· 作为讨论和分享日常事件的沟通工具。

· 改善词汇与语言技能。

· 促进时间观念的形成。

· 教导顺序和先后。

· 减少或消除活动转换或改变时出现的问题行为。

> 当学生难以停止或转换到比较不喜欢的活动时，老师可"归咎"于时间表，"时间表说，现在是＿＿＿＿时间！"

小提醒：时间表可作为一份设计良好的方案中其他沟通工具的支柱和基础。用在时间表上的图片和文字可以用来标示场所、活动或其他沟通工具。接下来的章节将呈现更多如何运用的例子。

▶ 日程表

日程表（calendar）是教室常见的工具，然而，在不同的环境中，使用的方式也不相同。传统日程表，即日历，列出这一年的月份、周、日，这对许多学生来说用处不大，尤其是对那些严重障碍的学生。可以挖掘日程表其他不常见但可以为这些学生提供支持的用法。

终于不用记着那些活动了！因为日程表帮我搞定了一切。我随身都会带着，没有它，我会不知所措。我从没想过它对学生也有用。

是的，日程表对学生一样有用。日程表可以帮助学生安排生活、理解顺序和时间观念，并提供有用的信息。我们可以把学生想问和想知道的所有事情都放入日程表。日程表可以让学生知道：
- 哪些天是上学日或休息日？
- 何时举行定期的活动？
- 何时举行不定期的活动？
- 是否有实地考察或校外教学？
- 何时有人拜访或离开？
- 还有多久某人要来或离开？
- 是否有预约，如看医生、理发？
- 放学后，谁在家？
- 何时保姆来？
- 哪一天学生需要提早放学或晚到学校？
- 是否有午餐菜单？何时带来以及何时购买午餐？
- 何时带东西到校或带回家？
- 何时带钱？带多少？

这是该做的事项

制作班级日程表

教学生从日程表中得到信息。每日时间表应预留部分时段，用以查看日程表，明确将要发生的事情。

制作居家日程表

大部分家庭会有一份日历挂在某处。但我们方案中的学生不见得会使用这样的日历，他们不会从中获取生活所需的特定信息。一份有效的居家日程表可以以学生能够理解的方式为他们提供每个家庭成员的信息。给学生专属的日程表，不要试着放上所有事情，只要那些重要的即可。

制作个人日程表或每日记事本

设计个人日程表，将学生生活所需的个人信息放进

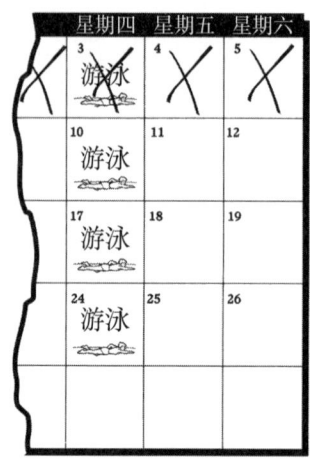

去。为了提高学生的责任感和独立性，教学生制作自己的日程表来安排生活；教他们记录信息，以帮助提醒他们的责任所在；教他们一套核查日程表的常规。目前商界流行随身携带一个针对某方面的每日记事本，我们也可以教学生使用这样的方法。

范例

问题：山姆非常喜欢游泳，妈妈每周四都会带他去社区游泳池。而自周五开始，他一天会问妈妈好几次同样的话："今天我们要去游泳吗？"妈妈口头回答他的问题，但这并没有减少他发问的次数。

解决方法：使用日程表为山姆提供信息。妈妈在冰箱上贴一张日程表，在每周四上面放表示游泳的图片。妈妈教山姆如何在每天结束时划一个×，并查看还有多少天才到游泳日。现在，妈妈可以用日程表来回答山姆的问题。当他发问时，妈妈可以指着日程表上今天的位置告诉他："没有游泳。"到星期三时，她会告诉他："我们明天去游泳。"到星期四时，她会跟他谈论有关今天游泳的事。每次山姆问起游泳的事，妈妈都带他查阅日程表。一段时间以后，妈妈观察到山姆每天独自去看日程表好几次。同时，他发问的次数明显减少，因为日程表给了他想要的信息。

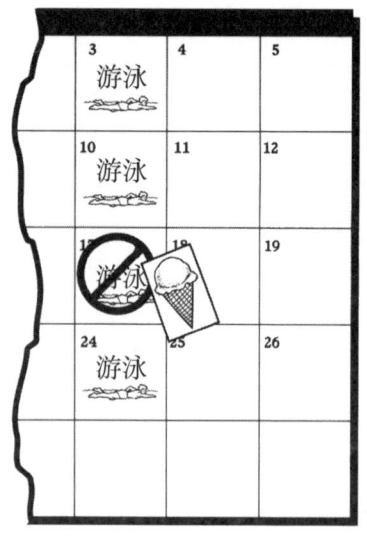

星期四，山姆的提问突然增多，他知道今天是游泳日，但不知道具体是什么时候。妈妈使用表示晚餐的图片，指出游泳在晚餐之后。妈妈在冰箱上的日程表旁边，固定一套晚餐和游泳图片，用这套图片来回答他的问题。又一次，在山姆理解了这套图片的意义后，他开始用它们来回答自己的问题。

问题：山姆难以应对日程表上行程的变化。如果他一直在期待某个特定常规，但该常规有变化，妈妈可以料想山姆会出现多么严重的问题行为。游泳课停课一周，妈妈想要避免可预期的问题行为的出现。

解决方法：为了帮助山姆理解行程的改变，妈妈在游泳图片上，放了一个表示"不"的符号，告知山姆情况有变化。之后，妈妈决定安排一个替代性活动，让山姆那天仍可以外出。所以，在日程表"没有游泳"的旁边，放上冰激凌图片，这样妈妈就是在告诉山姆关于行程的改变。在山姆已经习惯使用日程表后，妈妈就能够加入更有意义的行程信息，减少山姆的固着性问题，帮助他应对改变。

问题：蒂姆很难记得住要带什么去学校以及何时带去学校。根据日程表，他有几天要带午餐，有几天要到自助餐馆吃，其他的日子则需要带钱去商店买煮午餐的材料。为了让他记住，父母和老师试过许多做法，但从未成功过。

解决方法：星期五，老师和蒂姆坐下来，讨论下一周的活动。蒂姆在日程表上写下每天的特定需求，然后带回家。妈妈教蒂姆每晚查看日程表，作为"为明天做准备"的常规。接下来，蒂姆就负责为第二天打包午餐或准备好钱。

星期日	星期一	星期二	星期三	星期四	星期五	星期六
		1	2	3	4	5
6	7 打包午餐	8 热餐 $1.50	9 逛杂货店 $2.00	10 打包午餐	11 麦当劳 $3.00	12

问题： 杰里的父母要出去度假一周。这期间，他将和保姆住在一起。杰里的父母担心他不知道他们会回来。

解决方法： 杰里的父母设计了一个日程表，告诉杰里他们要出去的天数。由于他们将乘坐飞机离开，他们便告诉杰里他们为此要做些什么，并使用飞机图片表示离开。他们放一张不同的图片来表示回家的日子。杰里的保姆可以用日程表告知杰里，父母这几天仍外出，还有几天才回来。

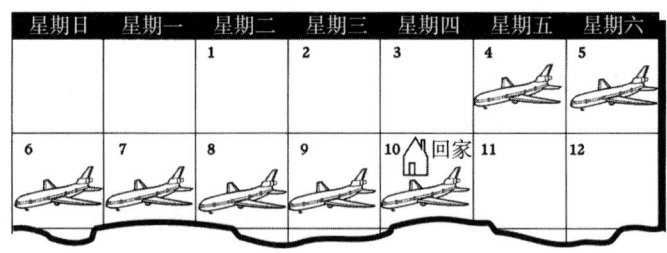

问题： 斯科特的父母面临相似的情况：离开斯科特一段时间，离开的时间将比平常还久。因为斯科特曾坐过飞机，他们推测若他知道没带他去，会心情不好。

解决方法： 他们决定使用日程表，但主要呈现斯科特要做的事，而不是父母的活动。他们告诉斯科特，他将去"有游泳池的珍妮家"。由于斯科特周末偶尔才去珍妮家，所以每次他将去时，他们就使用对应的图片，以便长途旅行的日子来临时，他会自主使用。

星期日	星期一	星期二	星期三	星期四	星期五	星期六
		1	2	3	4	5
6	7	8	9	10	11	12
13	14	15 珍妮家	16 珍妮家	17 珍妮家	18 珍妮家	19

重点：日程表能：

- 以学生可以理解的形式提供信息。
- 提供有关每日、每周及每月事件的信息。
- 回答学生的问题。
- 教给学生使其行为变得更为自主的策略。
- 给学生提供一些组织策略以帮助其实现自我管理。
- 帮助学生发现生活的逻辑和秩序，并教学生认识事情的前后及连续性。
- 减少或消除学生因不理解发生了什么，而不愿或难以改变的问题行为。

小提醒：日程表适用于不同能力程度的学生。学生不需要能说或能读，也不需要能认识或记住周几或月份。

▶ 选择板与清单

作为最简单且使用最普遍的沟通工具之一，选择板常常成为学生使用视觉沟通的入门工具。从许多选择中选出某一食物可以起到立即强化的作用，也是教导学生指向和提出请求的有效方式，甚至对于几乎没有沟通意图的学生，也是如此。做选择经常是要教给重度障碍学生的首要技能之一。

我和学生在点心时间使用选择板。我还可以用它做些什么呢？

当你将选择板作为给学生提供信息的清单时，选择板的概念就被拓宽了。除了食物，清单运用在非食物和其他活动的选择上，也很棒。可以采用清单或选择的事物有：

- 休闲活动
- 和谁一起工作或游戏？

> 想一想：当你去最喜欢的快餐餐厅时，你会出现哪些习惯动作？即使你已经知道你要什么，即使你经常点同样的东西，即使你知道菜单上有什么，你是否仍然会看菜单？为什么？看菜单可以帮助你：
> - 记得选了什么。
> - 组织你的想法。
> - 做出选择。

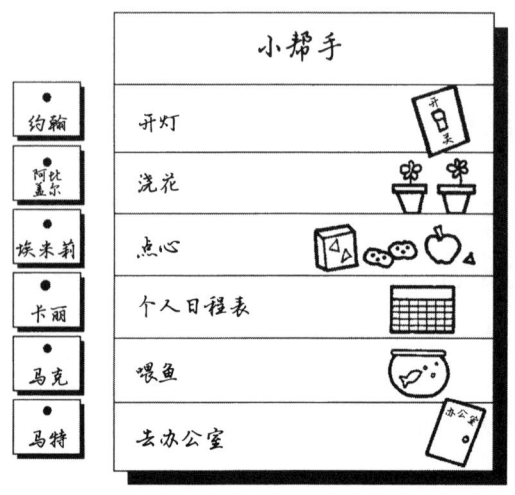

- 去哪家餐厅?
- 去哪家商店?
- 你想做什么工作?
- 唱什么歌?
- 进行什么游戏或活动?
- 轮到谁了?
- 去哪个工作区?
- 参观什么地方?
- 吃什么点心或正餐?
- 要不要参与活动?

清单告诉你有哪些选择,并在你做决定前提供浏览所有选择的机会。

小提醒:选项可以以书面形式呈现,但以实物形式呈现往往更直观。无论使用哪种方法,让学生能看到选择比只用口语辅助好。

这主意不错,但我不是应该为学生做选择吗?我是负责人,由他们"做主"会坏了规矩。

给学生做选择的机会,这能让他们更加掌控自己的生活。有机会自己做出决定也能提高学生的参与度。其实,提供选择并不意味着学生就会造反。你仍然是负责人,你控制选择权,决定学生何时能选或不能选。

但不是所有选项都一直可选,那么你将如何处理?

使用清单,告知学生某一项目何时可以选。更重要的是,清单可以告诉学生某一选项什么时候是不可选的。这对在时机不恰当时却坚持某一选择的学生特别有帮助。视觉工具,如"不"的标识、时间表或日程表都有助于解释这些情境。让我们看看这些工具的运用范例。

范例

问题：点心时间，老师打开杰基的午餐盒，选择其中一样食物给杰基，杰基把食物扔掉。

原因：杰基其实想要午餐盒里的另一样食物，那是他抗议的方式。

解决方法：在让他看完午餐盒里的所有食物后，给他机会进行选择（此外，杰基需要学习以更令人接受的方式表达反对）。

问题：自由时间，雪莉老是选同样的活动。

原因：她喜欢那个活动，可能不记得还有其他活动可选择，她已经形成难以改变的惯例。

解决方法：为雪莉提供活动选择清单。有些人会建议，既然不希望雪莉在她喜爱的活动上花时间，那就不要把它放在清单上。但另一策略可能更有效，这个策略可以将雪莉喜爱的活动放进来。当雪莉选择喜爱的活动时，让她做一会儿，然后，做些改变。请她盖住清单上喜爱的选项，另做选择。重复这个过程，这可以让雪莉多体验几个选项。如果雪莉试着再选喜爱的活动，告知她那活动"已经完成"。

问题：史蒂夫要求看录像节目，但那不是他现在可以选择的活动。

原因：这个活动不是已经做过了，就是不方便，或老师不希望将看录像节目作为一个选项。

解决方法：盖住清单上的这个选项或使用"不"的标识，表示不能看录像节目。处理这样的问题，人们倾向把这个选项从清单上移除。问题是，即使这个选项不在清单上，史蒂夫仍记得，他会持续要求。把该选项保留在清单上，老师可以利用清单，表达不行。盖住或使用"不"的标识，可以为史蒂夫提供更多信息。他可能不喜欢这样的答案，但至少理解了这种情况下的沟通。如果这个问题一直都存在，而看录像节目只能在特定的日子，可以通过日程表告知史蒂夫何时可以选择。

小提醒：当不希望学生选择某个选项时，有些人会从沟通工具中移走与之对应的符号。但当学生想起这个选项并提出要求时，问题就来了。因为没有符号呈现将更难沟通。其实，当这个选项或符号得以保留时，老师反而可以通过将学生注意力转移到这一要求不可行的事实上，驱使他们做出另外的选择。这个策略提供了更有效的沟通。

重点：选择板和清单：
- 让学生有机会学习以可接受的方式提出请求。
- 拓宽了学生可选择的范围。
- 有助于学生做出更多元的选择。
- 提高了沟通的有效性。
- 让"该选项此时不可选"变得真实、可信。
- 减少了怪异的提要求和抗议行为。

▶ 沟通"不"的信息

当给学生提供信息时，让他们知道什么不可以或不能选择，与给他们做选择的机会一样重要。告知学生下列事情，往往让沟通变得更为清晰：
- 什么不能选择？
- 什么行为不被接受？
- 什么事情不会发生？

将什么选项放在选择板或清单上，做这样的决定极具挑战性。老师将他们想要的几个选项放上去，结果却发现没一个选项是学生想要的，这种情况也并非不常见。不知什么原因，学生想要选择的选项，老师并不想将其列为选项之一。利用视觉形式，对这种情况做出解释，以促进相互理解。

同样，能够清楚沟通什么行为是不被接受的也很重要。什么是你不希望学生做的？什么是不会发生的事件？视觉策略以具体的形式对这些概念做出解释。

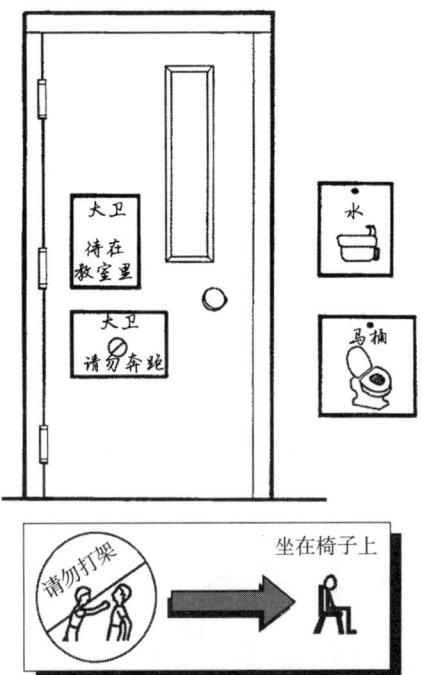

以积极而非消极的方式进行表达，即告诉他们什么即将发生或你期望他们表现出什么样的积极行为，不是比较好吗？

以积极的方式向学生呈现信息，这种做法最值得推荐，不过总有些时候，消极的方式也能产生同样的效果。包含积极和消极信息的工具，让沟通更清楚。

这听起来不错，你要如何做呢？

国际性的"不"标识（⊘），经证明有助于以可视化的方式表达这一概念，可摆在图片旁边、上面或单独使用，即使是对印刷类材料认知能力有限的学生来说也很容易辨认。其他表示"不"的方式包括将对应选项翻面、盖起来、划掉或移除。想一想以下情境：

范例

问题：老师在橱柜里存放了一些储备物品，她不希望学生打开。汤米总是逛到橱柜旁。他取出物品，随身带着它们在教室走动。

解决方法：在橱柜上贴上"不"的标识，提醒汤米不可以去。当他走到橱柜旁时，让他看标识，提醒他。

问题：文斯认定家庭录放机是一件迷人的玩具。当他在有录放机的房间里时，他会不断地放下手中的玩具，跑去按机器上的按钮。即使父母重新引导他玩玩具，过不了多久，他又跑回去玩按钮。

解决方法：在录放机上放一个"请勿碰触"的标识。每次文斯走到录放机旁时，给他看标识，告诉他不可以碰触。如果他能说，请他重复这规则。接下来，重新引导他玩玩具。标识可以提醒他规则是什么。不过，要想使这种方法奏效，教给文斯标识的意思很重要。

问题：戴尔喜欢吃某种零食，不论在场有多少种零食，他都会选这种。然而，这种零食总有被吃光的时候。当被告知已经没了时，戴尔似乎不理解这一情况，他需要学习这一点。

解决方法：这是教导"不"标识所指意义的绝佳时机。当饼干盒空了时，将盒子倒过来，说道："没有了。"让戴尔和你一起将"不"标识放在盒子上或零食清单的图片上。在这个过程中，你可以表现得夸张点。当你和戴尔将标识放好位置时，背诵

---

①②③④编注：四幅图均为国外很受孩子欢迎的零食外包装，读者可根据实际情况进行替换。

一句脚本，如："饼干没有了。"将这句话重复几次，以对正在发生的事进行强调。然后，引导戴尔另做选择。在你还没来得及买时，如果他一再要求吃饼干，保留空盒子以重复上述过程。

问题：凯文对于生活常规非常刻板。他知道每周二妈妈会早一点从学校接他去看医生。某个周二，行程改变，妈妈没来。在他前往学校前，妈妈已经告诉他这件事。但当往常妈妈接他的时间到了时，凯文开始踱步。他不记得计划有变，行程的变化让他变得相当烦躁。

解决方法：当再遇到这样的情况时，妈妈在便条上写下变化，让凯文装在口袋里。这方法有效！凯文整个一天时不时地把便条拿出来看，以掌握计划的改变。

小提醒：移除选项会失去沟通的机会。保留下来让孩子看得见，就能在试图沟通时用来澄清信息。换言之，试着从可选的列表中拿掉该选项，但可以通过盖住或放到旁边的方式保留该选项，让该选项仍可以作为沟通的工具。

小提醒：以视觉形式沟通"不"的信息，可以成为行为管理方案的一部分，或作为促进其他沟通的视觉工具之一。

重点：以视觉方式沟通"不"的概念可以：
- 让沟通变得清楚。
- 加强学生理解。
- 减少混乱。
- 帮助学生记住什么是不可行或不被接受的。
- 减少或避免许多问题行为。
- 给学生提供稳定、一致的提示。
- 减少老师提示和重复次数。

▶ 人员定位

每个人在哪里？在生活中不知道重要的人在哪里，常常让学生感到不安或受挫。当常规发生改变或人们的来去变得不可测时，问题就出现了。当常规因期待的人没出现而发生改变时，许多学生都要遭遇挑战。所以当学生到达时发现教室里的人是代课老师，一天可能就毁了。不知道今天晚上家里会发生什么事，一天可能就毁了。不知道明天上学要做什么，一整晚可能就毁了。

我从没想过这些情况都会影响学生，我一直认为他们只是想趁机做点什么。

难以适应变化的学生很在意人员的变动，这些改变会使他们的很多功能无法正常运转。这时，刻板和仪式性行为就会增加。

以视觉形式给这些学生提供更多信息，可以减少他们的不安并帮助他们更好地应对将发生的情境。

人员定位可以提供下列信息：
- 今天谁在这里？
- 谁不在？
- 某人在哪里？
- 谁一会儿会来？
- 某人何时来？
- 谁原本要来，却没来？
- 谁原本不来，却会来？

我尽量想着告诉学生哪些事会发生，难道不够吗？

我们常会认为这些信息对学生没那么重要。告诉他们之后，我们认为他们会记住并理解，但事实并非如此。以视觉形式传达信息，可以让学生有机会随时回顾，以便加深印象，记住会发生的事。提前给予学生信息，可以避免许多问题。接下来让我们看看运用范例。

范例

问题：约翰尼的妈妈一星期工作三天。她不工作的那几天，放学，就由她接约翰尼回家。其他日子，则由保姆或其他家人接约翰尼。约翰尼每天会问上千次谁在家，人们也懒得回答这永不休止的问题。由于他一直执着于问这个问题，在校时他很难专注于其他活动。

解决方法：制作视觉工具，让信息变得更清楚。当约翰尼开始问此问题时，鼓励他查看工具来获取所需信息。最终，他将学会，在需要时查看工具。获得口头确认的需求就会大幅降低。

星期日	星期一	星期二	星期三	星期四	星期五	星期六
		1	2	3	4	5
6	7	8 苏姨	9 妈妈	10 苏姨	11 妈妈	12 爸爸
13	14 苏姨	15 妈妈	16 苏姨	17 妈妈	18 爷爷	19

问题：克里斯喜欢上星期二物理治疗师的课。偶尔，物理治疗师会因为开会或其他工作需求而更改时间表。克里斯无法妥善应对这些变化。

解决方法：制作一个日程表，标出物理治疗师的时段。当物理治疗师变更上课时间时，在日程表上标出这些变化。利用日程表，告诉克里斯课程的变动，也可以调整克里斯的每日时间表。关键在于，让克里斯提前知道变化。

问题：雷夫非常在意家里兄弟姐妹的动向，而他们时常因为学校事务、工作及社交活动而外出或晚归。雷夫期待他们放学后就回家，当他们没有马上回家时，雷夫会一直缠着妈妈问他们去了哪里。

解决方法：家人觉得不需要向雷夫做不必要的解释，但另一方面提供给雷夫更多信息，确实会让每个人都轻松。所以他们制作了一张表格，贴在冰箱上。表格提供了雷夫家人去了哪里以及何时回家的信息。这张表格可以帮助家庭成员了解彼此的行踪，哪怕信息提供得不够完整，也足以让雷夫安下心来。

问题：对于其他学生是否出勤，不同学生有不同反应。金妮一点也不在意其他同学的出勤情况，因此有必要让她更关注同学。亚当则相反，他太过在意同学的出勤情况，如果他们不在，他会一直问。

解决方法：把谁在和谁不在学

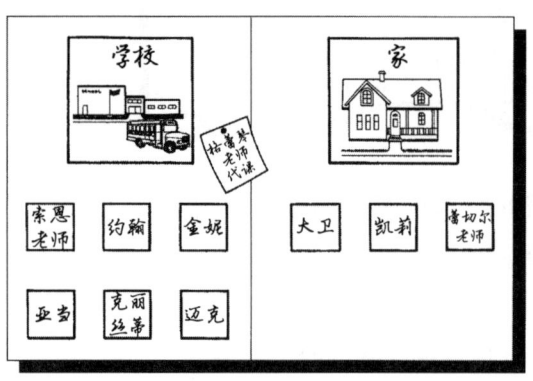

校（或谁在家）的情况确认作为一项活动，纳入早晨常规中。这项活动可以提高金妮对同学出勤情况的意识，也可以给亚当提供信息，以减少他的发问次数。如果可以的话，学校教职工的位置信息和代课老师的信息都可以放进去。

重点：人员定位可以：
- 让学生了解生活中的变化。
- 让学生获悉并记住对他们重要的人的所在。
- 减少焦虑。
- 帮助学生接受来自常规或预期会发生的事物的变化。

▶ 过渡与转换的小帮手

停止一个活动，开始另一个活动，或离开当前位置，到教室的另一头或另一间教室，这个改变的过程本身就是一系列的挑战。虽然有些学生不受这些转换的影响，但还是有许多人在这个过程中遇到可预期的困难。有些人只是不理解发生了什么事，他们还没有弄明白。而有些人则是抗拒改变，一点点的改变都会让他们感到很混乱。为什么会有这些问题？原因之一在于不理解改变。运用视觉信息辅助转换有助于解决这个问题。

生活处处是变化，这无法避免。什么是预防问题出现的"神奇法则"呢？

没有"神奇法则"，但提供信息是关键。问题在于理解学生在那期间的想法或意识到的事物。学生到底如何看待那个情境？弄清楚这个问题将有助于找出避免问题行为出现的策略，帮助学生完成对常规的转换。

> 因学生的刻板行为，有些父母和老师会尽量设计无特定结构的环境来应对。不幸的是，如果学生需要的是结构化的环境，那么这个策略可能会增强而不是降低学生刻板的程度。利用视觉支持构建结构化环境，可以让学生以更轻松的方式接受日程表上的安排。利用视觉支持引入改变，也能让学生更容易理解即将发生的事。他可能不喜欢将发生的事情，但有了较多理解，所以处理起来也会不同。

我如何知道学生在想什么？这确实不容易做到。

分析背景信息，可以提供"旁观者清"的视角。这是常见的背景信息：

- "我喜欢我做的，不要改变。"
- "我不要停，因为我可能'再也没机会'做了。"
- "我不要马上停，我需要有些准备来应对改变。"
- "我需要知道何时能恢复这个活动。"
- "我不喜欢即将到来的活动。"
- "我不理解即将发生什么或要去哪里。"
- "我知道我应该怎么做，但用我的方法让我更专心。"
- "我认为我正在做某一件事，但半途我却发现做的是其他事，这让我感到心烦。"
- "我将这种情境与过去的经验联想在一起，我害怕某些之前不喜欢的事即将发生。"
- "我不要改变，因为它会让我感到失控。"
- "只要事情发生变化，我都会以固定方式提出抗议，因为它吓着我了。"
- "我喜欢常规，因为我可以预期接下来会发生什么，而改变会让我陷入慌乱中。"

很多时候，当你问那些与学生关系密切的人这是怎么一回事时，他们都能给出一套说辞。然而，他们有时因关注变化阶段学生的失序行为，而忽略了背景信息，所以，就会出现"当局者迷，旁观者清"的情况。

哇！许多背景信息与我要处理的情境相吻合，现在我能做什么？

为学生提供信息是消除或处理这些问题的基础。以视觉形式提供的信息具有稳定性和持续性，这也是处理这些问题的必要条件。这里有几个基本的原则：

1. 让学生为转换做好准备

提醒学生转换就要来了。有些转换的时机很明显，因为活动自然结束了，如游戏结束、工作完成。活动将结束时，给学生看活动的实物和材料。

玩游戏："有人快结束了。"

"有人快赢了。"

"只剩一些空间要装满 / 卡片要用完了 / 要抓捕人了。"

擦干盘子："只剩三个杯子，我们就完成了。"

穿着："只剩一只鞋子要穿，然后我们就可以去_____。"

> 转换技巧有如一袋工具，以备不时之需。有的学生可能需要许多这样的工具，才能让事情进展下去。有的学生却只在进行特定的活动、特定的日子或面对新事物时才需要这样的支持。

有的时候，活动不会自然结束（如听音乐、打电动玩具）。可以利用视觉支持或相关实物来形成改变的常规。可以尝试这些技巧：

让学生知道活动何时开始，将持续多久：

- 可以用时间表标示出来。
- 可以用时钟或手表指明。
- 设定定时器，示意学生还有多久。
- 在学生桌上放一张告知五分钟之内要停止的卡片。
- 借着规定特定的数量实现自然结束：
  - ☐ "完成两道谜题。"放两道谜题在桌上。
  - ☐ "听完一面录音带。"给他看录音带。
  - ☐ "唱完五首歌。"贴出五张卡片，表示五首歌，每唱完一首歌，拿掉一张卡片。

当接近转换时间时，提醒学生：

- 指着时间表。"现在差不多是_____时间。"
- 指着时钟或手表。"还剩五分钟。"

> 给学生提供信息将使转换变得可预期。这有助于他们理解环境，降低问题出现的可能性。

- 设定定时器。"你只能做到定时器响，然后我们要_____。"
- 设计自然的结束，以下列方式表示：
  - ☐ "再做三个信封就结束了。"出示三个信封。
  - ☐ "再唱一首歌，然后_____。"出示表示一首歌的卡片。

2. 让转换过程成为常规的一部分

教学生清理或收拾前一个活动的材料，然后拿出新活动的材料。这两个任务也给他们提供了心理转换的机会。

作为常规的一部分，转换就更易被学生接受。时间表和迷你时间表有助于实现活动间的自然转换。

3. 提供信息和线索，使学生准备好迎接下一个活动

或许给学生提供携带物品的机会是最容易做到的事：

- 携带实物。
- 携带迷你时间表到工作区。
- 带着材料到工作区。
- 带着采购清单到车上。
- 去游泳的路上，把毛巾和浴袍带着。
- 将东西带到另一场所给某人。
- 携带可以提供信息的图片或卡片：
  - ☐ 离开教室后的目的地。
  - ☐ 离开建筑物后的目的地。
  - ☐ 进到车子或校车后会去哪里？
  - ☐ 到指定位置后，我们会得到什么？（如冰激凌）
  - ☐ 到目的地后，我们要做什么？（如游泳）

有些学生关心的是要去哪里，而有些学生关注的是要发生什么事。例如，当你出门去买冰激凌时，这个学生是关心你要去哪家店，还是把关注点集中在他能否得到冰激凌上，而你在哪里买都没关系。什么是学生关注的？这是我们要思考的。然后我们可以依据他的思考方式，提供最重要的信息。如果学生认为将要参与的是一项熟悉的常规，结果进行到一半却发现不符期待，问题就会发生。

> 因为孩子经过某些商店或餐厅会停下来，所以父母会避免经过那里。这样的刻板性可以通过提供更多信息得以减缓。

4. 让学生知道何时可回到他们不愿离开的活动上

有时，一两句话，"休息时，你可以再玩电动玩具""明天你朋友可以再来"或"我们下星期再回来"，就能让学生变得平和些。如果能以视觉形式呈现，效果更佳。到了每日时间表上的下课时间时，放一张电动游戏图片在时间表上的"下课时间"旁。用日程表指出明天或未来将发生什么事。让信息具体化、形象化比单纯的口语信息更具意义。

5. 假如要转换到一项学生不喜欢的活动上，让学生知道这项活动后会发生的事

在不受欢迎的活动后安排令人想要的活动，这可以提高合作的"筹码"。我们都有不喜欢的事，但这不代表我们无论如何都不会去做。或许，首先要明确的是该活动对于学生是否必要？（例如，如果学生真的不喜欢戴耳机，在某一时段安排他用耳机听是否必要？或者是否有别的活动可以代替？）当然，有许多日常活动是不能也不应被取消的。如果是这样的情况，试着让学生知道接下来将发生什么。将他的注意力转移到他喜欢的另一个活动上，往往可以让他参与和忍受他不喜欢的。将孩子喜欢的活动的视觉标识放在近处，作为对参与不喜欢活动的激励。让学生看着、拿着、指着、带着，或采用任何能让他对未来想要

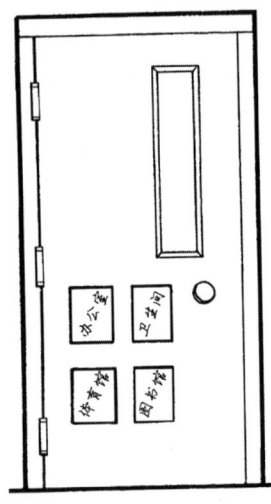

做的事充满期待的方式。这种牵制战术可以帮你度过许多艰难时刻。让我们看看运用范例。

范例

问题：唐纳德喜爱去体育馆。当他离开教室时，他认为是去体育馆。假若老师带他去办公室，问题就来了。他们穿过大厅，来到了岔路口，右边是体育馆，办公室在左边。唐纳德会往右边走，如果老师带他往左边走，他可能立刻躺在地上，发脾气。

解决方法：当唐纳德离开教室时，可以给他提供许多信息。可以在教室门上贴上学校设施的图片：体育馆、办公室、卫生间、午餐间、储藏柜等。当他们离开教室时，唐纳德会拿到一张表示目的地的图片。整个行程他都会带着这张图片，老师会再三强调图片和场地之间的关联。在唐纳德比较理解目的地之后，他转换的行为得到了改善。

搜集要前往的场地照片。当离开教室、学校或家时，都可以利用视觉工具提供有关目的地的信息。对有些学生而言，这关系到能否成功过渡到较不熟悉的环境（如牙医诊所）。有些学生多数时候都没有问题，只是在糟糕的日子这种情况会演变成一场灾难。还有些学生不论什么时间或地点，都会受转换影响。不管是要面对熟悉的还是不熟悉的情境，都可以用视觉工具帮助学生理解这个过程，形成用视觉工具提供信息的常规。

问题：星期六早上，凯尔的妈妈试图带他一起去购物。她没有按照惯例，而是根据需要逛不同的店。当他们经过某些特定商店未停下来时，凯尔变得心烦气躁。

解决方法：将他们经常去的店（杂货店、干洗店、五金行等）制作成一本图书册，以便凯尔的妈妈在行程中提供更多的信息。她可以打开册子，给凯尔看他们接下来要去地点的图片。让凯尔看到他们要去的地点，比只是告诉他更容易被理解。妈妈也会在书中放凯尔最喜爱的快餐餐厅和一些奖赏的图片。如果打算去完两个地方之后，再去吃午餐，妈妈可以重新排列图片，让凯尔知道这次短途旅行的行程顺序，这就形成了一个迷你时间表。

问题：蒂姆的家庭会定期看望祖父母。有时，妈妈将蒂姆留在那里，让祖母当临时保姆。蒂姆不喜欢留在祖母家。如果蒂姆意识到或知道他们要去祖母家，他会表现得很抗拒，因为他把去祖母家和留在那里相联系。妈妈不想提早告诉他要去哪里，因为担心他会出现问题行为。

解决方法：用视觉的方式，让蒂姆知道他们要去祖母家，但妈妈不会留他在那里。也会提前告诉蒂姆何时由祖母临时照顾他。假如蒂姆知道什么事将发生，问题行为也会消失。如果他知道自己不会被留下，应该更愿意去。如果妈妈不能留下来陪他，可以尝试使用一些辅助策略。告诉蒂姆，妈妈何时回来，或当妈妈回来时会有什么事，或给他一个在祖母家的时间表，或以他想要的选择奖励其好行为。必须多尝试些策略，看看哪个有效。最大的难点是找出蒂姆不喜欢留在祖母家的原因，然后利用这点来找到提供信息的方法。

汉堡

> 蒂姆要去祖父母家。蒂姆将吃午餐。蒂姆将玩电玩。妈妈将开车去买东西。妈妈回来后，蒂姆和妈妈将去吃冰激凌。

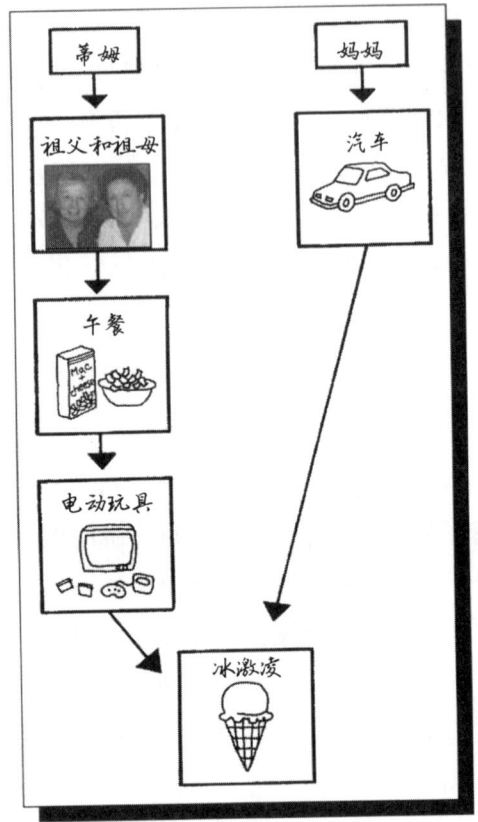

小提醒：转换和旅行时间极可能成为各种问题出现的时段。理解学生出现某种反应背后的原因只是开始。提供视觉信息虽不能解决所有的问题，却可以避免或改变许多潜在的问题情境。

重点：使用视觉策略辅助环境之间的过渡和转换：

- 使结束和开始清楚地被呈现出来。
- 给学生提供期望的特定信息。
- 提供具体参考，让学生在需要时可以随时查看。
- 消除在转换期间引发的许多问题行为。

第三章
发出有效指令的工具

与学生一起工作,其中一大挑战,就是发出让全天活动能顺利进行的指令。更何况,负责的老师必须切割他们的时间,以满足各类学生出现的需求。不论学生能力如何,每个班级至少有几个学生,比其他人需要更多的时间与关注。那些重度障碍学生更需要"一对一"的照顾。然而,这经常是说起来容易,做起来难。

有的时候,我感觉好像全班学生都需要"一对一"的照顾。我累透了!

为所有学生提供自理、工作、生活所需的结构化环境和技能是教育的目标之一。不过,让学生养成依赖成人持续干预或监督的习惯,这不是我们想要的。

我想要他们更独立,但事与愿违。我该如何做呢?

形成以视觉辅助老师发出指令的教学风格。
视觉支持帮助学生:
· 集中并维持注意力。

> 有效沟通的关键是依据学生的理解程度使用口语。可以根据学生的表现情况,评估其理解程度。如果每次听到句子,他的反应都一致,则使用句子;如果他听到一个词的指令,才能做出适当反应,那就说明应在这个语言水平与他交流。对学生而言,语言难以理解是无法给出适当反应最常见的原因之一。

> 在普通教室中,大多数的指令都是口头发出的。对老师而言,重复说很多次并一再引导学生,这很常见。所以,视觉支持可以帮助老师较省力地达到目标。

·保持专注以得到完整的指令。
·明确指令。
·执行到结束。

视觉支持帮助老师:
·使用较少的时间重复指令和教学。
·减少许多学生需要支持的强度。
·使训练步骤一致。
·保持口语指令一致。
·以更具体、更有条理的方式将呈现给学生的材料准备好。

视觉支持的使用会对班级的管理产生极大的影响。一旦你认定视觉策略对你的班级有用,你就会发现无穷无尽的、可以将视觉要素融入方案中的方法。

▶ 班级管理工具

班级管理工具是专为老师而设计的,以实现与学生更有效地沟通。老师在日常活动中使用这些工具来辅助学生完成常规和沟通特定的信息。班级管理工具的重点是辅助老师引导学生进行活动和遵守基本指令。这些是老师的沟通工具,一般用来辅助老师告诉学生事情。这些视觉支持的使用会带来许多好处。

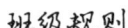

引起和维持学生的注意力

视觉信息通常更容易引起学生的注意,在嘈杂的环境里,更是如此。容易分心的学生总会遗漏许多沟通信息,但是将视觉支持作为沟通互动的一部分之后,他们可以更快地回到之前关注的事物上来并能理解老师说了什么。

为学生坚持完成任务提供支持，让老师少介入

当学生停止完成任务、不专心、没跟着活动顺序或不做该做的事时，老师的自然反应是给予更多口头纠正及重新引导。学生越不做该做的事，老师说的就越多。其实采用非口语的视觉策略，而非输入更多口头信息，可以吸引学生的注意并提高他们的理解力。这些策略包括：

- 手势。
- 面部表情。
- 肢体辅助。
- 指向环境中的事物。
- 出示视觉工具。
- 其他非口语的视觉支持。

实际上，学生会越来越依赖口语辅助来完成目标，这是一种习得性依赖（learned dependence）。他们学会等待更多的口语辅助，这就好像一场轮流互动。学生等着轮到老师给指令，接着轮到学生去执行，然后再等着轮到老师，就这样持续轮流。而非口语线索才更容易吸引孩子注意，除此之外，随着孩子独立性越来越强，它比口语线索更容易消退。

让指令非常清楚、简洁

大多数沟通障碍的学生需要老师较少的口语辅助，而不是更多。虽然有些语言发展理论鼓励大量使用口语指导学生，但没有证据表明这种方法对我们的学生有效。减少口语，将听觉环境单纯化，可以对许多人产生积极作用。当你使用视觉工具时，一字不差地将所说的话写下来，有利于精简语言。班级管理工具的使用因将老师的口语减少至相似且简单的短语，而促进了他们与学生的互动。

> 有一种训练策略是逐步提高你与学生交流时的语言水平，这样学生的语言理解与运用水平才能提高。不过，从学生的真实理解水平开始，一次一小步，这一点很重要。往往人们设定的起点过高，或进展太快。由于学生遵循的常规往往都是他们熟悉的，所以他们可以表现得理解了，而事实上并没有。

"坐在红色的椅子上"变成"坐"。

"过来围成一圈并坐在地板上"变成"过来"或"坐成一圈"。

"去储物柜那里拿午餐"变成"拿午餐"。

"打人是不好的,你最好把手放在身体两侧"变成"让手安静"。

制作班级管理工具,可以帮助老师改掉唠叨的毛病,专注于那些有效的班级管理所需的最基本的信息。把信息视觉化,可以让不同的人在引导这些学生时保持一致性。

鼓励简单的、常规化的沟通

同样的事用不同的方式表达是很普遍的。但是,沟通方式的一致性可以让许多学生受益。这并不意味着在孩子的生活中,每个人都需要讲完全一样的话,但在学生学习常规的过程中,加上例行的口号,将加快整个过程。

帮助学生记住要记得的事物

学生确实需要各种各样的提醒、重新引导及辅助。当使用视觉工具时,学生会学着如何使用,以实现自我管理。当班级的结构化能够鼓励学生做该做的事,尽可能让成人少介入时,更顺畅、有序与友善的氛围也就形成了。

> 能够形成一套引导本方案学生的核心指令才是有效的策略,特别是当他处在不同的人所负责的环境里时。在学校里有老师和行政人员,在家中有父母、兄弟姐妹和保姆,在儿童之家或团体生活的情境中有轮流督导的巡回老师,只有将这些情境协调整合,状况才会有所改善。

我喜欢利用视觉工具指导学生,但我怎么可能做到?我始终强调,不可能将所有的话语全面可视化!

首先,利用视觉形成表达老师一天内说的每件事,这想法让人望而生畏,因为老师普遍说的很多!幸运的是,一旦你开始把你的需求条理化,这项工作就可以简化。班级管理工具应为特定的需求或活动服务。

将一天内班级沟通的每件事记录下来并不容易。然而，对大多数老师而言，将一天中必须一再重复的事列出来，就容易得多。可以将这样的事情作为切入点，考虑以视觉的形式呈现。

随身携带便签，以便随时记录想法。最终，你可能记录下的是一系列班级规则，也可能是一系列针对某名学生的管理措施。再想一想你如何将它们运用到特定活动或课程中。在老师的班级管理语言和班级规则或为其他目的服务的视觉工具之间，会有些自然的重叠。不过，这不是问题。与这些工具的称呼相比，运用它们辅助沟通更重要。班级管理工具是为老师和学生的交谈提供支持的。

范例

问题：这个班在上烹饪课。老师要求乔到冰箱拿牛奶。乔从椅子上起身走向冰箱的过程中，他走去看电扇转动，还注意其他的事。当他开冰箱时，他伸出手，眼睛望着天花板，匆匆抓了奶油回来放在工作台上。这期间，老师说了许多话，想要重新引导乔回到手边的工作，但都没有用。

解决方法：老师可以制作一套实物卡来表示烹饪中经常用到的物品。当她要求乔拿某一物品时，就会给他一张该物品的卡片。乔穿过房间时望着卡片，当他抵达冰箱时，他再看一次卡片，以记得要拿的东西。他选了正确的物品并带回。乔独立完成任务，这也可以让老师注意到团体其他人的需求。

问题： 教室的转换时间对学生来说是个挑战。老师很难做到让每个人都做该做的事，他们似乎同时需要老师的注意。每个人都忘了他们被告知的事或该做的事。如果老师给学生个别指示，他们无法分辨哪些是给他们自己的，哪些又是给其他同学的。其中，特别难应对的是学生从团体活动转换到点心时间的过程。

解决方法： 制作一套卡片，通过卡片安排学生完成转换时间内指派给他们的不同任务。给每位学生一张卡片，以指引他们在特定时间做自己该做的事。如果转换过程安排得较有条理，学生更容易专注。如果加以视觉支持，监控和记住各自该做的事就更容易。

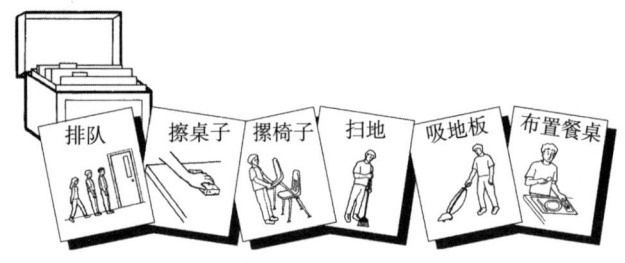

▶ 制作班级管理工具

这些工具看起来像什么？你推荐什么形式？

因为这些工具要能够被快速辨认，所以图片与文字的结合通常是最有效的形式。图片类型的选择要以学生越快且越容易辨认为依据。大小和可移动性是开发这些工具时要考虑的重要因素，因为要和教室功能相适应。

大图片： 较年幼的学生因难以注意到或刚学会辨认图片，往往会对大尺寸的图片做出回应。有些学生对较小的图片没兴趣（如：25mm×35mm 或 89mm×127mm），对大

> 应选择学生容易辨认的视觉工具。

> 尺寸选择不当，也可能导致方法无效。

尺寸反应较为稳定（如：127mm×178mm、203mm×254mm 或更大）。如果学生需要从较远处看，或好几个学生需要一起看，大图片效果比较好。老师需要进行实验以验证何种大小最适合学生。

小图片：为了便于老师使用，教具往往设计得小巧、可携带且易于操作。较小的规格更易于携带，如果摆在学生书桌上，也不占空间。

听起来我的组织技巧将受到挑战，该从何处着手？

考虑这些工具：

迷你小书：制作一本口袋大小的书，内页设计如相册一样可将沟通图片分页放置，方便在需要时打开并查阅。如果小书可放入老师的口袋，在需要时就容易取出。可以将一些全天使用的一般性项目、学生规则和教室活动的指引放入书中。可以根据某个活动或地点的需要再制作一本小书。你会发现沟通要针对不同活动的特点进行。例如，先确认下列活动的不同沟通需求：(1) 午餐餐厅；(2) 体育馆；(3) 采购；(4) 坐公交车。再试着为每个活动设计一本迷你小书。

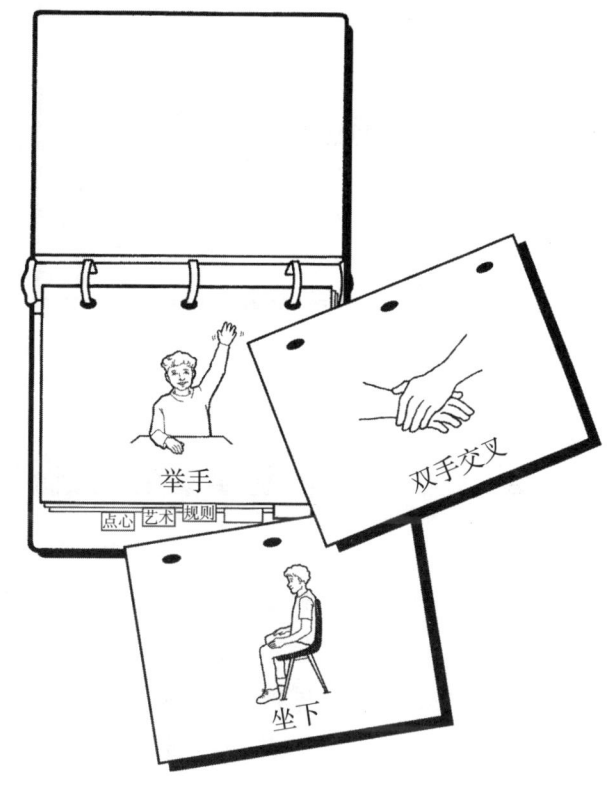

笔记本：为了避免一下多出好几本小书，另一种选择是使用三孔夹。较大规格的页面可包含某一特殊活动或时间段的内容。虽然大规格累赘，但不易遗失。大开本的书

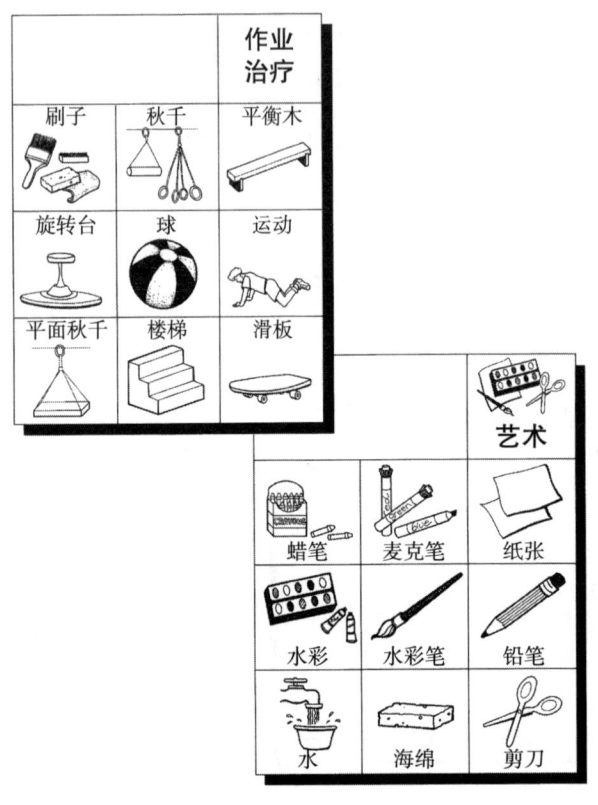

易于打开,以置于台面或工作区,供个人或团体使用。大规格的视觉资料更便于向学生展示。

图卡档案:将特定的训练活动所需的实物、活动步骤或发出的指令制成图卡档案,以辅助活动开展,尤其是在活动中老师给每个学生的指令并不相同或每个环节的指令不同时。图卡档案也可以将特定常规的卡片纳入其中。

重点:利用视觉工具辅助班级沟通:
· 提高老师沟通的有效性。
· 让学生的表现更稳定。
· 让所有参与人员的沟通更有效率。

▶ 记事本和"烹调"手册

许多已经学会如何完成部分任务或活动的学生,缺乏独立完成整个任务或按顺序执行全部步骤的能力。或者他们忘了步骤的顺序,或者因为分心而遗漏步骤,或者他们感到混淆,又或者只是忘了下一步做什么。而其他的人,他们缺乏独立是因为习得性依赖,这是教学过程的"副作用"。

制作记事本和"烹调"手册 分步骤的提示可以帮助学生更独立地完成任务,就像厨师按照"烹调"手册中的菜谱烹饪一样。许多学生需要一套类似的线索,来帮助他们成功地完成任务。

我明白了，这个技巧我们可以用在每周五的烹饪课上。

不要限制自己。"烹调手册"这个概念可用于许多类型的任务，不只是烹饪。对那些需要额外协助的学生而言，任何需要好几个步骤完成的任务都可以利用这个概念得以完成。

> 记事本和"烹调"手册不只是针对烹饪课。任何需要好几个步骤完成的活动都可以利用这个技巧。

有时，我认为问题出在老师身上。助理和我发现我们以不同的方式在教技能，难怪学生会混淆。

这样的问题很常见。每位老师或照顾者往往用不同的方法或顺序完成同样的任务。即使之前已经对特定步骤达成共识，人们还是倾向于按自己的方式操作。有些训练者会持续改变教授技能时的方法或任务顺序，却没有评估改变的结果，或与其他教这些技能的人讨论、分享。训练过程中的这种不一致性会不经意地拉长学生，特别是学习迟缓的学生学习技能所需的时间。记事本和"烹调"手册可以以系统化、条理化及一贯的方式教授完成任务的步骤。这可以为学生提供零错误学习（"error free" learning）的机会。

什么是零错误学习？

这意味着提供高度结构化的学习经历，以致学生逐字地遵循而不会有机会弄错。利用视觉工具，让他们看下一步要做什么，在需要时辅助他们，然后再进行下一步，并在必要时辅助。通过这种方法，学生有机会完成任务的所有步骤，而不用"猜"接下来是什么，也不会犯错。当学生重复练习这项任务时，可逐渐减少辅助，只用视觉工具引导学生完成所有步骤。因此，学生学会参照视觉工具，哪一种目标比较好？不借助辅助，独立完成很少的任务，还是借助辅助完成较多的任务？

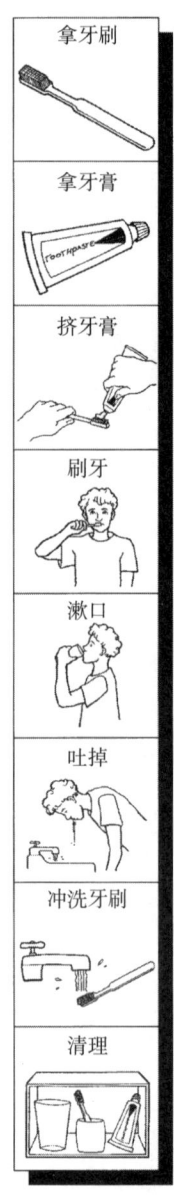

并将此作为常规的一部分，在工作中进行自我辅助。采用同样的方式完成常规，会让学生学得更快。

然而，假如学生依赖视觉工具学习呢？他们会一直需要用"烹调"手册或记事本来完成任务吗？这不是很好，不是吗？

有些学生会一直使用视觉工具直到记住整个步骤，然后他们不再需要任何工具。有些人则会一直使用下去，以实现结构化和条理化，从而成功地完成任务。这好比厨师记得一些菜品的烹饪方法，但做其他菜时却需要"烹调"手册。两种方式都有效，结果才是最重要的。

范例

问题：杰克可以完成日常个人洗漱活动的几个环节，他知道如何刷牙，当被叫去刷牙时，他总是会忘记至少一样必需品。通常，当他卡在某一步骤时就愣住了，直到有人辅助他完成任务。

解决方法：设计一张图表，列出所有步骤，教导杰克跟着表上活动的顺序来完成全部任务。

问题：斯图喜爱在厨房工作，他正在学习调制数种最喜爱点心的重要技能。老师觉得假如他能够记得做什么和何时做，他就能独自调制点心。提供一些结构化支持，他会成功的。

解决方法：制作记事本或"烹调"手册，列出杰克和斯图达成目标所需的步骤，教导他们跟着步骤做。

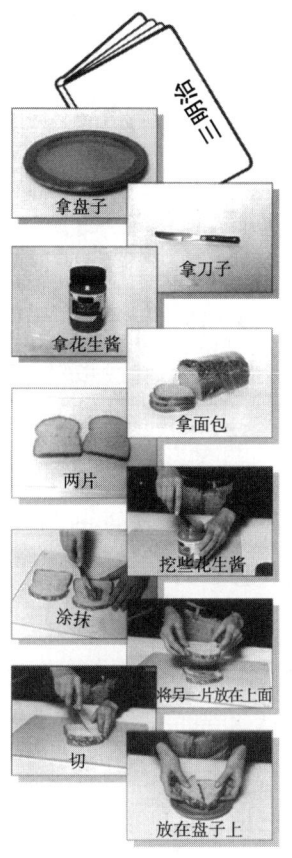

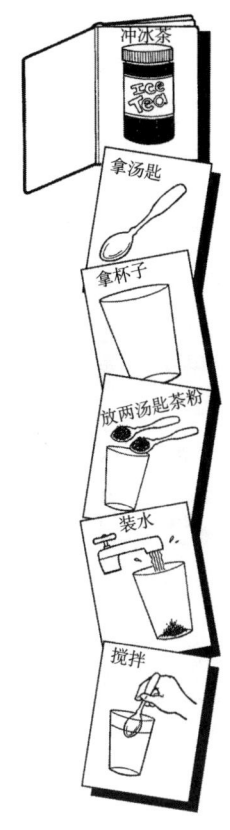

问题：一旦学生开始在教室里独立工作，总会遇到各种问题。所有的学生似乎都需要个别的照应，才能用材料开始工作，但老师很难同时给所有学生所需要的个别照应。

解决方法：制作记事本，引导学生准备所需的材料，以完成各自的任务。

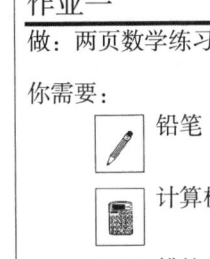

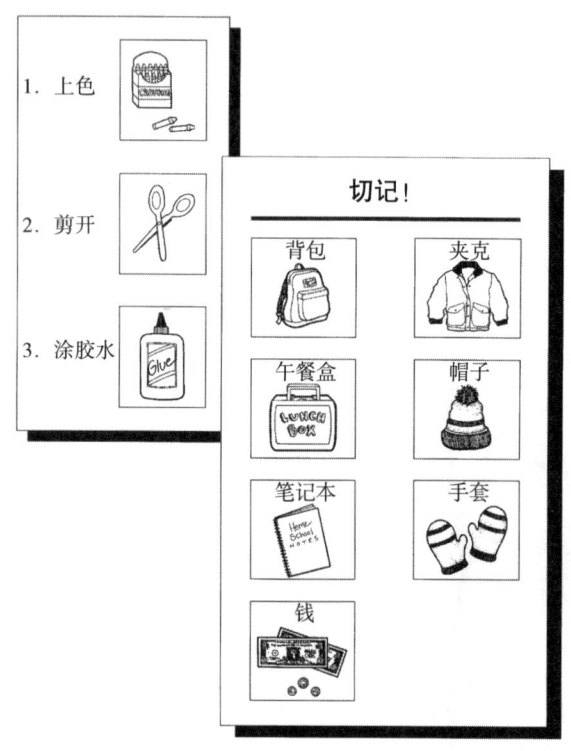

问题：老师给学生安排需要好几个步骤来完成的美术作业或其他活动。总有几个学生忘了顺序和步骤。他们在剪之前涂胶水或弄混其他步骤，结果总也得不到想要的模样。

解决方法：设计辅助卡，让学生参照辅助卡自行完成步骤。

问题：杰里在转换期间总是急急忙忙，也不记得这期间的任务。一到学校，他就带头玩最喜欢的游戏，忘了必须先挂外套、交笔记给老师，及其他几个到校的例行步骤。回家时间一到，还没收拾东西和完成出发前的常规，他就企图冲出教室。早上准备离家去学校的这个时间段总是一团糟，杰里来来回回好几趟才能记住要带的东西，或者应该说，为了让杰里记住要带的东西，他的妈妈来来回回好几趟。

问题：菲尔在转换期间也出现困难，他总是站在那里，永远不记得下一步要做什么。然后，他望着天花板发呆或被一些奇特的事分心，如电扇或门把手。为了让他完成常规，往往需要对他重复引导好几次。

解决方法：设计一些迷你记事本，帮助杰里和菲尔度过一天中困难的转换时间。教他们使用任务"检核表"以记住该做的事。将检核表挂在会引起他们注意的地方，以便查询。

▶ 设计记事本和"烹调"手册

1. 列出所有必备的材料

就烹饪作业而言，列出所有必要的材料与用具。至于非烹饪任务，列出学生完成这项任务所必需的材料。

2. 将完成作业的必要步骤排序

想一想，对学生来说，哪个步骤顺序可以让任务完成得最简便、高效，例如，做烤干酪三明治，你是先放干酪再涂奶油，还是先涂奶油再把干酪夹在中间？你会先在面包两侧涂奶油再放入平底锅，还是先放入锅中，再将奶油涂在第二块面包上？

如果学生在开始另一步骤前完成前项步骤，这是否更佳？他应该先穿上外套，还是先拿书包？先刷牙还是先洗脸？他应该先剪，还是先上色，还是先涂胶水？

3. 选择必要的步骤

不同的学生需要不同程度的细节。对有些学生而言，只需要几个关键步骤，其他都是假定的步骤，也就是说学生会自然而然完成。例如，在用盒装的材料制作饼干时，假如给出的指令是"将饼干的调配材料掺入碗中"，大多数学生会自然而然打开盒子，再把调配材料倒入碗中，这就是假定的步骤。而对有些学生而言，他们可能需要更多的假定步骤加入顺序中。

4. 判断按照哪个顺序学生收集所需材料最有效率？

对有些学生来说，在任务开始前准备所有材料或原料比较好。对有些学生而言，在需要的时候去拿用具或补给品是比较自然的做法。假如一个学生正在完成一项中途会用到剪刀的任务，他应该在开始的时候拿过来并放在桌上以待用，还是为了能专心，而将剪刀放在另一场地直到用到时再去拿？

5. 选择呈现的方式

可以使用书面文字、贴有标签的图片、照片或将这些结合起来。在使用图片和照片时，写上你对这些项目的正确称呼或执行步骤时你对学生说的话。

6. 选择形式和摆放位置

老师往往会制作可以挂在教室墙上的图表，但这不是最有效的形式。具备机动性且用于桌面学习的小规格工具，方便在不同场合使用。将记事本装在口袋里，以适时取出，这对有些学生适用。其他的提示物则应该放在特定的位置，以备不时之需。

▶ 训练使用记事本和"烹调"手册

当我决定使用这些视觉工具时，我只是给学生提供工具吗？有关教导学生如何使用，你有什么建议吗？

单单给学生提供某一工具是不够的，教导他们如何有效使用也很有必要。一旦他们学会了，你的教学工作就会比较轻松。

知道自己在这个过程中如何引导或辅助学生很重要。下列是针对训练学生独立性，给老师提出的建议。

1. 引导学生注意视觉工具。
2. 限制口语辅助。每个步骤都有对应的口语脚本。如果学生需要更多辅助，重复脚本。
3. 假如需要进一步辅助，可以使用手势（指向视觉工具或指向材料）、示范（示范步骤）或肢体引导（老师的手放在学生手上，协助完成步骤）。

4. 假若学生习惯于使用口语，鼓励他描述过程中的每一步骤。重复口语脚本是这个常规中很管用的环节。当学生学习说或想这些引导常规的口语脚本时，这个过程就会变成一场指引自身行为的自我对话或自我辅助。

5. 完成每一步骤后，把学生的注意力拉回到视觉工具上。通过翻页或指向列表的下一个项目，指示他如何移到下一步。

6. 在学生熟悉任务之后，应逐渐减少口语和非口语的辅助。假若学生停止工作或看起来需要引导，将他的注意力拉回到视觉工具上以获得辅助。

7. 当学生能够更独立地完成任务时，有些起初被认定的训练步骤可能成为假定步骤。这个时候可以把这些线索从可视化顺序中移除，当学生学着完成任务时，可以适当地改变可视化顺序中的步骤数量。

如果我们的目标是变得独立，这不意味着应该努力撤去视觉工具吗？

随着学生习得的技能越来越多，有些老师急切地想要完全撤去视觉工具，认为此时视觉工具阻碍了学生能力的提高，因此他们把拿掉视觉工具当作目标。这里的忠告是谨慎。在没有辅助的情况下，有些学生最后能完成常规，但有些学生需要长期持续的视觉支持。考虑下列这几类学生：

第一类： 只有在学习常规时才使用工具的学生。一旦掌握了常规，他们就不再需要任何支持。

> 视觉工具既可以成为完成目标的短期支持，也可以作为长期支持策略，为特定环境或目标常规的执行提供支持。

> 当学生熟悉某一组织系统时，他才可能改变回应它的方式。如果他没有以引入时的方式使用视觉支持，这也并不表示应该撤去它们。这样想一想：如果你家附近的交通标识都被撤除，会发生什么事？你想驾驶员会改变他们开车的方式吗？

第二类：必须借助工具才能专注手边工作、管理行为及记住要做的事的学生。这些学生总是需要视觉工具的支持。

第三类：那些行为不稳定或情绪表现起起落落的学生（我们不都这样吗？），在"好"的时候，他们不需要使用工具。然而，持续使用工具可以使他们的常规保持一致，这样，当他们遭遇挫折时，这些熟悉的视觉工具可以辅助他们完成常规。

视觉工具的使用往往作为一个长期策略，帮助学生完成该做的事情。练习和学会完成任务的技能之后，视觉工具可能不会以最初引入时的方式再被使用，但是它们仍然对学生有用。

把视觉工具收到抽屉里，只在学生糟糕的日子拿出来使用，这种做法可能对学生没用。这些工具不应被收起来，而应易于获取，并作为常规融入学生的教育环境中。只有认真观察学生，才能做出正确决定。

小提醒：此部分的主要目标是训练学生使用"烹调"手册或记事本以获取信息和辅助，而非鼓励学生依赖老师。

为什么建议限制口语辅助？

假若训练者使用很多口语辅助，将很难降低因他或她的存在而产生的影响。许多学生会与训练者产生轮流，并对此形成依赖，他们也能意识到这一过程：轮到训练者告诉我做什么，然后轮到我做事，再轮到训练者告诉我做什么，然后轮到我做事，就这样持续不断。

有些学生并未学会如何思考他们所做的事。他们如此依赖口语线索，以至于不去思考经历的全部步骤，并弄清楚"在这个顺序中我在哪里？"他们行事冲动，而不是深思熟虑。与口语辅助相比，视觉线索能更好地引导学生完成思考的过程。

有些我要学生做的事情太难可视化。这些任务太复杂了，以致无法可视化。

这个问题提得好！当老师开始分析他们的教学顺序中有多少步骤时，他们就更能意识到他们对学生要求的复杂度。我们会因为学生无法掌握十个连续的步骤而受挫，却没有理解到：实际上，这些学生甚至连完成两个步骤的任务都有困难。从某种程度上来说，问题的出现是因为我们甚至没有察觉到，我们企图教的技能确实非常复杂。例如，当为学生选择要烹饪的菜单项目时，首先想到的是烤干酪，因为这是"孩子的食物"，但若进一步思考，制作烤干酪三明治比香肠三明治需要更多步骤。就连准备回家这个转换时间也包含了至少十个步骤，难怪有些学生会在这个过程中迷失。仔细观察将为你制订计划提供信息。谨记，从简单开始，这可以让孩子学得更快，也能让所有参与的人都获得成就感。

> 想一想：如果任务太复杂而难以以视觉形式呈现，这就意味着它太复杂而不能教吗？

▶ 教导新教材

磨刀不误砍柴工。借助视觉工具教授新技能之前，应做好准备。教学工具、记事本或"烹调"手册，选择哪一个，依任务类型而定。

这就是说教学开始前，我需要准备工具。如果从未见过这个学生执行这项任务，我如何知道要准备什么？

何时准备视觉工具，无法一概而论。很有条理的人提

> 想一想：把任务视觉化，将简化你的教学过程。

倡在向学生呈现任务前，把工具准备好。事前准备会减少在引入新任务时的混乱。这个过程的缺点是，你花了很多时间为新任务准备最好的视觉工具，却发现不能适当地满足学生的需要。

如何处理这种困境，要视你有多理解学生而定。可以考虑下列方式：

- 和学生"快速浏览"任务，通过观察找到他能够做的部分。
- 事先准备部分视觉工具并拟一份草稿。然后浏览流程，看看是否能够找到你需要以视觉形式呈现的点。工具的呈现形式应灵活、可变，以便需要时可进行调整。
- 一边开展教学一边准备视觉工具。让照相机、纸和笔，或者黑板和粉笔唾手可得，这样一旦需求出现，就可以给予视觉支持。这常常吸引学生许多注意力，从而为他们创造有意义的关联。

无论你用什么方式开始，谨记，当使用视觉工具时，新技能的教授过程会变得比较容易。

▶ 有效引导的建议

鼓励每个人都使用视觉工具，不只是老师

学生通常对他们最熟悉的人反应最好。他们的表现会受助教、保姆、校车司机、午餐阿姨、辅助人员、代课老师或其他互动者的影响。所以，应鼓励并促进学生生活环境中的其他人也使用视觉工具。

将你说的话一字不差地写在工具上

鼓励使用简单、具体的语言。此外，尽量保证语言在

人与人之间传递的一致性，因为语言的一致性对学生有利。

请勿使用"混杂"的语言；使用简单的语言，但语法和韵律听起来正常的句子

韵律（说话的流畅度）会增强语言的可理解性。听起来奇怪的语言不利于学生对它的理解。

选择灵活的形式

班级辅助要随着学生需求的改变而不断改变，这样的辅助才是最有效的。易于改变的"草稿"形式比那些固定却无法修改的形式更适用。

确保工具易于获取

假若你要找工具，工具却放在另一间教室里或在一堆"材料"下，这是没有用的。老师将不同的工具放在相应的"家"里，就不会有经常找不到的挫折。

一旦使用视觉系统，将工具从方案中撤走时要谨慎

很多曾成功使用工具的老师反映，在学生进步时，有时会逐渐或随意地撤去工具。有些老师后续的报告中提到，方案中的学生会退回到原有的行为模式。对这些情境的分析显示，当学生更独立地学习技能时，老师会渐渐不再使用工具模式。即使学生似乎不像第一次使用视觉工具时那般需要，但当从方案中完全撤走工具时，学生就不再有进步的表现，不是原来的行为重新出现，就是老师开始使用越来越多的口语辅助。

重点：利用视觉工具发出指令：
· 有助于引起或维持学生的注意力。
· 让技能的教授过程更加常规化或一致化。
· 使不同的老师和照顾者都有标准的指令和流程。

- 帮助学生较快掌握任务流程。
- 增加了可信度和一致性。
- 给予学生较大的自主性。
- 帮助学生专注于任务。
- 帮助学生解决问题行为。
- 使学生能在较少的监督下，执行更复杂或耗时更长的任务。

小提醒：大多数老师发现，用来管理班级活动的视觉工具每年都会变化。制作成易于更改的形式经证实最有效。

第四章
用于组织环境的视觉策略

组织风格具有极强的个人特征，从刻板僵化到混乱失序的状况都有。如果每个人观察一下自己的生活，他或许会发现很多能为生活带来秩序感的技巧，以及一些允许失序的领域。想想你本身的工作风格，你有一堆重要的"材料"放在厨房的长桌或办公桌上吗？当需要的时候，你可以轻易找出厨房用具或工具吗？你能找到一封几个月前的信吗？你车子的钥匙呢？你时刻都知道它放在哪里吗？你在生活和工作环境里建立什么样的仪式和规则，帮助你更有效地发挥功能？

你发现了吗？我爱堆积，也总丢东西！但我总是知道车子的钥匙放在哪里。这与教学生有什么样的关系？

教导或允许学生去发现有助于他们形成具有个人风格的管理方法，这是教育过程的一部分。许多孤独症学生或有其他学习困难的学生因自身的刻板性，往往缺乏灵活的方式应对环境。事先了解他们的需要，才能理解其刻板性。满足学生对条理的需求，可以让学生以较灵活、较自在且较放松的状态行事。当学生学会利用身边一切可以带来条理性的可能时，就会变得比较有效率，因为他们喜爱结构与条理。

我想给他们提供结构化环境，但很难做到，因为我不是那样的人。我比较随性且缺乏条理，那我还有给他们提供结构化环境的可能性吗？

许多固定的结构可以通过教室和生活环境的创设来提供。一起朝着这个目标努力，你和学生都会受益。完成的作业放到盒子里，玩具收到架上正确的位置，杯子放在第一层架子，盘子则放在第二层架子。利用视觉线索组织环境，能让每个使用者更清楚这套组织系统。此外，视觉工具可以为势必发生的教学改变提供辅助。

有学习困难的学生通常需要结构化环境，也需要学习条理化策略。在这些领域辅助他们，会改善他们的整体表现。

> 要教学生从环境中已存在的视觉线索中获取信息。

▶ 以标记建构环境

我们的世界处处都在使用视觉策略，它们为这个世界有效运转提供线索。浴室有标记，出口也是；房间、学校和校车都有号码。因此，有必要教导学生辨认已经存在的环境线索。另外，可以用可视化方式组织家里和学校环境，从而为学生提供更多信息。增加标记和记号，给学生提供一些更容易独立完成任务的机会。试试这些技巧：

教导学生辨认环境中自然产生的标记和信息

许多标签已经存在，这不表示学生会辨认或理解它们的意义，这也不意味着学生知道如何根据信息行动。关于如何利用环境中的支持，许多学生需要专门教导。

标记学生私人空间和物品

最普遍的标记方式是将学生的名字贴在外套架子、书桌、椅子、信箱、衣物柜及午餐盒上。这种用于确认学生午餐盒、外套、运动服和个人所有物的方式，对他们帮助很大。

标记物品摆放的位置

标记能够表明物品摆放在架子的什么位置、什么在抽屉或橱柜里、完成的作业应该放在哪里。所以，完成的作业放在特定的盒子里，美术用品放在固定的容器里，以及玩具放在架子上指定的位置。

标记环境

利用标记，给所有活动命名，并标记教室内外不同活动的区域，将孩子整个方案的条理性传达出来。例如，给特定活动所使用的教室桌子或所在区域特定名称：

- 美术桌。
- 圆桌。
- 工作台。
- 早间团体分享区。
- 阅读书角。
- 游戏毯。
- 休闲区。
- 下课区。

那些名称和标记须和学生每日时间表上的活动名称保持一致。难以从某一活动或位置转换到下一个的学生，特别需要这套系统的辅助。下面我们通过范例，看看如何运用这些组织策略。

> 教学生辨认及有效使用环境中的视觉线索，是沟通训练中重要一环。辨认和解读这些线索，并不能确保学生可以根据所传达的信息做出适当反应。那属于沟通环节。脱离背景来解读这些线索是无意义的技巧。能够认识这些线索，并通过做出正确反应来表明自己确实理解了才是关键所在。

> 许多发展性课程将配对作为重要技能。把物品放回贴有标签的抽屉里或将工具放回贴有标签的架子上，是这种技能的外在表现。利用标记概念教导配对，比用宾果消消乐图片教配对更有效。

范例

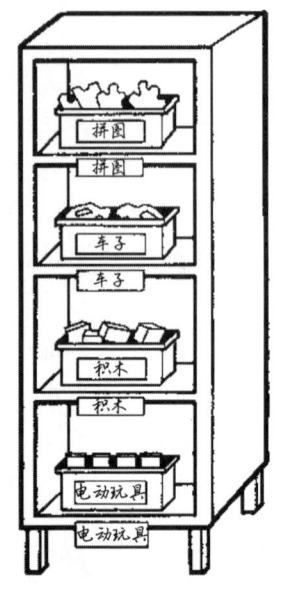

问题：很难让教室保持井然有序，因为学生和老师对物品摆放的位置有不同的看法。订书机经常找不到，学生常常遗失他们的学习用品。

解决方法：给每样物品贴上标签。确认并标记订书机和其他物品的位置，并教导学生将物品放回标记区。教学生将标签和物品配对，并指导他们收好物品。当学生要取物品时，指导他们依据标签取出所需的物品。

为每个学生准备一个收纳盒（如有盖子的盒子）来保管个人的学习用品。将标签贴在盒子的盖子上方或内部，以确认盒内的物品。在盖子上的标签可用于：

- 提示学生拥有的或需要的物品是什么。
- 核对盒内的存货。
- 提醒学生哪些物品应放入盒内。

问题：琼在家难以保管所属物品，妈妈觉得她可以更自主地管理自己的东西，像打扫房间和帮忙洗衣服，不过她需要方法。

解决方法：在琼需要取出或收好的物品对应位置贴上标签。将放玩具的架子、放衣物的抽屉和衣橱，以及放物品的收纳盒或容器，如盒子、餐具的托盘、洗衣篮，都贴上标签，以帮助琼记住物归原处。

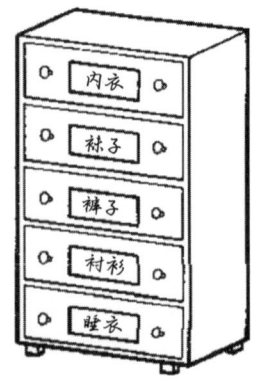

问题：当试着完成一连串任务时，特迪需要老师提供许多督导。他看起来可以很快完成一项任务，以致助手都来不及给他另一项任务。

解决方法：建立一套系统——通过取出和收回所用的材料，特迪可以更独立完成所有的常规。利用迷你时间表列出特迪将要从事的活动或工作。用迷你时间表上活动或工作的图片或标签标记对应的收纳盒或容器。在摆放收纳盒或容器的架子也用同一套图片或标签标记。教特迪参照迷你时间表，确认该做的工作。当完成活动时，通过对应架上相同的标签，他能够将容器放回恰当的位置，然后更独立地转换到下一个活动。

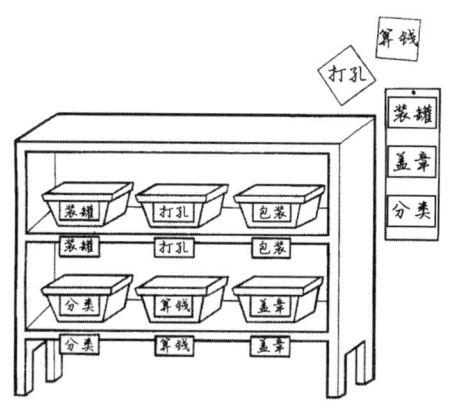

小提醒：只有标记是不够的，大多数学生需要学习如何使用它们，如找出线索、认识标签及利用标签提供的信息。

▶ 一般的生活安排

有许多方式可以让生活条理化，如：

标识

就像标识可以让日常生活得以有条不紊地进行一样；标识也可以用在教育环境中，让生活变得自在、流畅。第一步应该教导学生注意所有已存在且有意义的标识，第二步则是加入一些引向特定地点或活动的标识。

清单

在生活中，谁没设计过采购清单或任务清单？
- 针对学生的不同特点设计帮助他完成常规或临时活动的清单。
- 引导学生针对某一目标设计属于自己的清单。教他们设计个性化清单，可以让他们学会有条理地思考。这也是在教给他们一种生活技能。

> 学生不需要会写自己的清单。如果他们不会手写，试试这些方式：
> - 口述给某人写。
> - 打字。
> - 剪及粘贴图片。
> - 在一份完备的表格里圈出项目。

我喜欢这个主意。除了购物和该做的事之外，你推荐其他哪类清单？

这有无限的可能性。下列是一些建议：

明天我要带到学校的东西：午餐费、一本杂志。

今天我要记得带回家的东西：笔记本、家庭作业、书本。

在商店要买的东西：面包、花生酱、纸巾。

带去自助洗衣店的生活用品：脏衣服、洗衣篮、肥皂、衣物柔顺剂、钱。

带去游泳池的物品：泳衣、毛巾、凉鞋、泳帽、洗发水、会员卡。

整理卧室该做的工作：鞋子收好、玩具放在架上、叠被子、衣服放入洗衣篮里。

准备午餐该做的事：摆桌子、做三明治、调饮料。

今天该做的事：叫交通工具、付钱、到商店。

要寄卡片给谁：生日、圣诞节、情人节。

图表

传统的"刷牙流程图"并未被淘汰。如果有图表可以核对，那么记住每天要做的事就会比较容易。记住不同日子里的不同活动，更需要这样的方法。

记住并提供信息

写下或以视觉形式记录信息，更有利于信息的传达。多少来电内容因为没有被记录而被遗忘？

想一想，有多少次学生需要在家与学校之间或班级之间传递信息。让学生学会传递信息，这很重要。"今日在校"的概念就是其中一种形式（详见第五章"促进环境间的沟通"）。学生学会设计和（或）有效利用视觉支持，从而为将信息从某一个人或环境转换到另一方提供支持，这是他们变得更负责和独立的标志。

记忆辅助

你曾经在浴室镜子上、口袋里、门把儿上或车子的方向盘上贴/放张便条，提醒自己该做的事情吗？比较传统的做法是把便条放在口袋里。学生也可以从这些小提醒中获益。发挥你的想象力吧！

小提醒：教授组织策略的关键在于，使学生能够利用这些工具，变得较独立，行为表现较稳定。然而，人们可能只和学生使用少数策略，或许在学生的生活中，有更多机会使用这些工具来实现条理化。不过，组织系统的设计多从成人管理的角度出发，而不是侧重考虑教导学生策略。换言之，专为教导学生而设计的条理化策略相当少见，所以教导他们如何为自己设计更多结构化环境，将使他们终身受益。

重点：以视觉支持组织环境可以：
- 创造井然有序的环境，从而给学生提供稳定感。
- 帮助学生感受到更多的结构化环境和可预期性。
- 帮助学生更独立行事。
- 让学生对自己的表现和所有物更负责。
- 增加环境的可信度。
- 让每个人更容易找出或记住他们需要的东西。

第五章
促进环境间的沟通

中重度沟通困难学生的家人、老师和朋友最大的渴望之一是,找出更多关于他们和他们的生活经验的信息,因为这些是建立关系的基础。

当学生从学校回来,你让他回答诸如"今天过得怎么样?"这样的问题时,幸运的话,你可以得到超过一个字的回应,以获取他不在家时的一点动向信息。然而,大多数的父母总是渴望得到更多信息,尤其是那些沟通障碍孩子的父母对这样的需求更为迫切。沟通越困难的孩子,当离开家或学校时,生活呈现真空状态的频率越高。

老师也面临同样的困境,他们经常竭尽全力地了解学生在教室外的经历。了解学生不在学校时生活中都发生了什么,是教导有意义沟通的重要部分。任何时候,只要这些学生进入其他环境中,无效的沟通范围就会变广。

我可以做什么?与学生的家人沟通花了我许多时间与精力。我越努力,越觉得不能完全成功。

为了弥补学生无法表达的缺憾,老师、父母和其他照顾者试图进行信息交换。这个过程一般只能满足一部分需求。首先，经常写下来或打电话分享所有的细节耗时且不方便。其次，也是最重要的，这个过程一般不将学生视为传递自身经历和信息的渠道。

你有更好的主意吗？

教学生传达更多关于自身的信息。设计视觉桥梁（visual bridges）来让这些沟通发生。视觉桥梁是将书面文字、图片、实物和其他视觉线索组合在一起的沟通工具，它可以传递学生感受到的信息。这些工具是桥梁，在学生无法完全独立沟通时，辅助两个以上环境间的信息交换。这些工具帮助学生表达，使其达到比不用辅助沟通时更高的层次。这套系统最终的用意是教导任何能力或年龄层的学生传达更多关于自身的信息。视觉桥梁不同于其他视觉工具，因为它包含即时性和特定活动的信息。成人可以每天准备一个新的工具来表达当日最重要的信息或分享特定事件的细节。

什么是你尝试用视觉桥梁完成的？

采用这套系统有三大主要目标：

目标1：传递家庭、学校或其他重要环境中的信息

学生被赋予分享关于个人信息的责任。通过分享、讲述、询问信息，以及记住他必须负责的事情，他学到的更多，在社交互动上他也会更主动。

目标2：刺激功能性语言、沟通、读写和学业的发展

视觉信息可以帮助学生从一种环境转换到另一种环境中。应尽可能地让学生参与视觉工具的选择、设计及制作，他的参与是学习过程中的重要一环。他如何参与以及视觉桥梁采用何种形式，这都取决于他已经掌握的技能和努力实现的目标。视觉桥梁适合口语和非口语沟通的学生。

目标 3：让学生更多地参与到沟通以及分享经历的对话中

准备和使用视觉桥梁的过程，为预演和重温重要信息提供了内在机会，包括：

- 练习提供信息。
- 建立语汇。
- 分享有关个人经历的细节。

一旦准备好，视觉桥梁可以成为辅助学生和沟通伙伴交谈经验的工具。视觉符号为沟通双方提供线索，让他们知道问什么或说什么。

视觉桥梁的准备可以成为学校和家庭常规的一部分。只要是根据学生理解和表达水平来实施，视觉桥梁可以成为改善沟通的有用资源。成功的关键在于提高学生的参与程度。学生参与的越多，从活动中获得的就越多。

> 视觉桥梁的准备和使用，为学生提供机会以练习跟生活经验有关的口头及书面词汇和语言。

▶ 视觉桥梁

视觉桥梁有效辅助学生实现在家庭与学校这两个主要环境之间的持续沟通。这套方法也适用于其他环境之间。

今日在校

这个活动通过总结一整天的活动或强调一些特别事件，引导学生讲述他今天做了什么。它让学生回顾白天发生的事，并将视觉信息带回家。假若学生不记得，可以让他回到时间表，引导他准备"今日在校"。具体的形

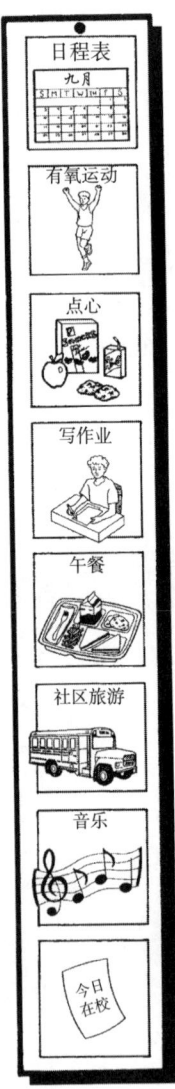

式依据学生的受教育程度而定，通常采用的形式有：

- 在选择清单上给时间表上的图片做记号。
- 抄下时间表中活动的名称。
- 收集食品的包装纸或广告图片。
- 影印具沟通信息的图片或给实物拍照。
- 复印的句子。
- 书写原本的句子。

目标在于使学生积极参与进来，一起准备一些带回家的东西。花时间回顾或演练将帮助学生记住和组织想法，使他们准备好将信息带到下一个环境中分享。视觉信息既可以作为学生，也可以作为其他人分享的工具。这有助于形成持续的互动，从而分享更多的信息。

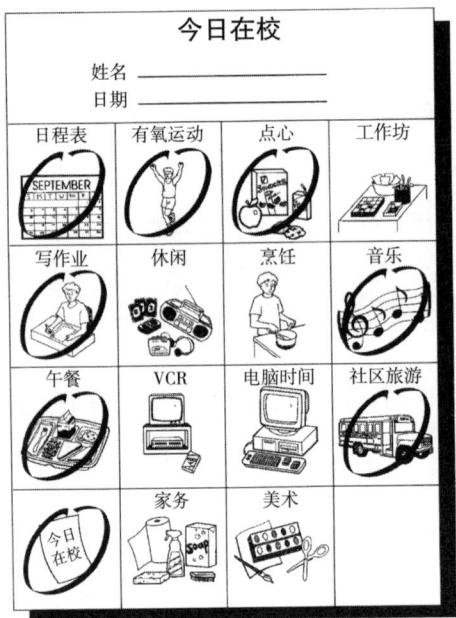

昨晚在家

这个活动是针对喜爱或渴望"家庭作业"的学生设

计,和"今日在校"具有同样目的。但情况相反,它的目标是通过分享视觉信息,鼓励学生沟通校外的经验。当你不知道你所问的问题的答案时,教给学生语言技能最困难。当教导沟通时,这种形式能为老师提供更多可用的信息。同样,学生的参与是这个活动的关键所在。因此,学生需要准备某种形式的文件并将它带到学校。这个过程将鼓励学生发起和参与有意义的对话。

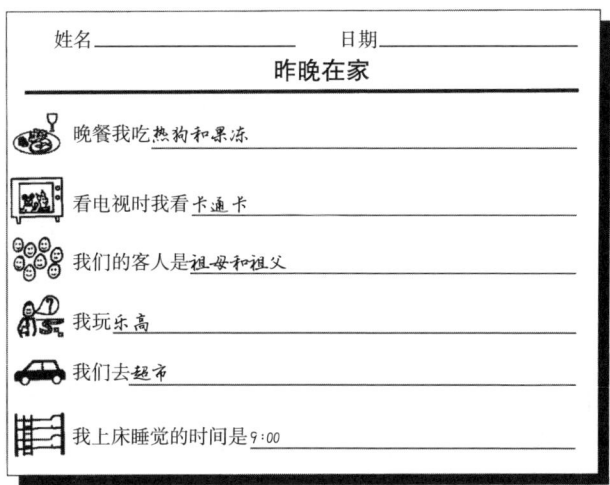

设计视觉桥梁

在视觉桥梁的设计过程中,可以教授许多技能。选择学生可以理解并能参与的方法。有效的视觉桥梁可以从下列任何一种形式或一种以上的组合形式中发展而来。

结构化的图片沟通

通过使用每日时间表中的图片或与特定活动相关的图片,学生搜集、标记或以其他形式表明要沟通的信息。学生可以做的是:

- 影印每日时间表。
- 查看今日时间表，给表上的那些图片做记号。
- 剪和贴重要的时间表图片、标签、点心的包装纸，或学生将要辨认的任何东西。
- 影印标签，或给食品、录像带或其他重要物品的盒子拍照。
- 影印一些值得怀念的东西。

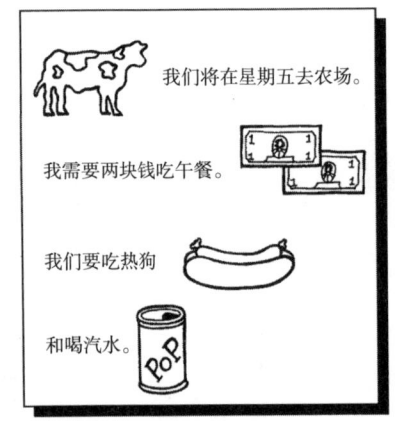

这些活动甚至能运用在书写能力有限的学生身上。

口授的语言经验

设计带有语言的故事，以鼓励学生复述日常生活经验或沟通重要信息。老师写下学生口授的想法。不太常用的折中做法是，以一些图片辅助语言文字活动。试着利用时间表上的图片或手绘素描，即使是非艺术家也可以画得足以让学生明白。图片的加入可以明显改善学生的语言记忆和理解，把活动从"费力的阅读"变成互动的信息交换。无法准确阅读印刷文字的学生，可能会在图片的触发下，产生实质语言。

结构化的书面沟通

对刚表现出一点阅读和写作技能，却不能产生自发性、有意义书面语言的学生而言，这是有效的方法。

可采用的形式包括：

- 学生抄写时间表图片上的文字。

①②声明：The Picture Communication Symbols©1981–2016 by Mayer–Johnson LLC are used under contractual agreement. All rights reserved worldwide.

- 学生抄写能传达重要信息的文字或简单句子。
- 制作时间表文字或其他有意义词汇的卡片档案，让学生找出来抄写。
- 抄写标签、包裹、菜单及其他资源上的文字。

书写活动可利用纸笔或计算机完成，将学生注意力集中在与其个人经历相关的词汇上，可改善理解。

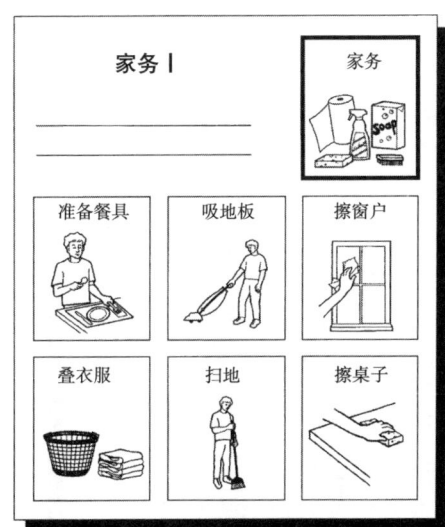

书写的语言经验

在这种语言活动中，学生将他想要分享的信息写下来或在电脑上打出来，而不是口授。这种形式能否成功取决于他的语言书写能力。一种变通的方式是先让学生口授，然后再让他抄写口授的文字。或者提供一些有固定模式且填充式的句子，供学生选择。试着设计一个个人字典或文字银行，为学生的书写提供支持。在学生的写作中加入图片，可以提高学生的兴趣，也能让信息变得清楚。

范例

小提醒：虽然设计视觉桥梁的方式有很多，但这是卓有成效的一种。这种结构化的方法帮助许多读写边缘化的学生，掌握一些有用又具功能性的读写技能。这套系统的成功之处在于简单、有条理化。它不需要期待学生有许多自发性语言，他们可以靠时间表或教室里的其他视觉工具获得辅助。所以，对语言表达受限和完型语言学习类型的学生特别有效。

视觉桥梁可依学生的读写能力制作。由于它源于学生真实的生活经验，因此许多学生的功能性读写能力和阅读理解能力得到了提高。

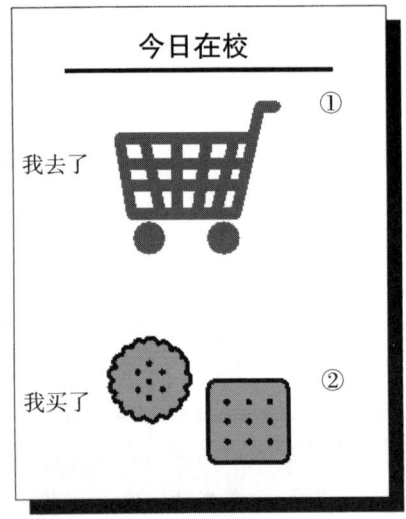

①②声明：The Picture Communication Symbols©1981–2016 by Mayer-Johnson LLC are used under contractual agreement. All rights reserved worldwide.

③编注：温蒂（Wendy's）是美国的一个快餐连锁品牌。

第五章 促进环境间的沟通 | 95

▶ 建立家校沟通的建议

1. 使用学生容易辨认的视觉符号

这些符号用于辅助互动，而不是特殊的阅读指南。如果采用的形式让学生太难理解，学生沟通的自发性就会降低，互动也就无法自然流畅地进行。视觉桥梁是促进和加强信息交换的工具，它不会也不能取代互动。改善学生的文字辨认能力可能是这个过程的一部分，但不是首要目的。

2. 使用文字、图片或其他符号，让任何从这些沟通工具中获得信息的人都可以理解

当需要在不同环境中使用某一个沟通工具时，有必要让每个使用的人都能够清楚解释它所呈现的内容。因此，必须标记图片，让人们不至于误解。

3. 让学生尽可能参与准备工作

学生越积极参与准备，就越能享受成果，也学得更多。完成信息交换所必备的技能与学生要达到的目标（决定要分享什么、口述、讨论、打字、写下来、影印、剪或贴等）是一致的。学生的核心活动应是分享环境之间的信息，而非精心制作家长和老师间的沟通方案。为学生提供视觉支持，帮助他们沟通所需或想要分享的信息，这才是我们的目标。

4. 对于何时开始这个活动，要灵活应对

以"今天我做了什么？"活动作为一天的开始不合逻辑。在回家前准备家庭沟通的信息，可以让学生回顾并总结这一天的活动。然而，如果没有安排出足够的时间，这个活动可能就会变成在离开前仓促完成的无意义仪式。还有一种做法是，不论在一天的什么时候，只要完成一项

> 家长、老师快速地给彼此写的便条，往往成为家校沟通发生的证明。把学校和家庭的沟通变成学生负责的活动，让学生学会携带或分享生活中的重要信息，这是一种功能性沟通训练。

> 采用学生容易辨认的视觉形式，有助于实现自发性分享。

特殊活动，就可以制作一条"今日在校"信息。这就为"捕捉瞬间"，然后在回家前多次演练和回顾提供了机会。

依据孩子需要完成的短期或长期记忆目标，有逻辑地将这些活动插入每日时间表中。

5. 在常规中，引入适量的变化

"今日在校"和"昨晚在家"常规的形成，增加了学生参与分享的机会。常规的结构化可以帮助他们更完整地进行分享。另一方面，过度机械化的常规，容易导致不思考和形式化的反应，让活动目的落空。重复过多会降低效果，活动形式或种类的变化有助于维持每个人的兴趣。一份完善的方案应融合常规和变化，这样既有助于实现学生的功能性独立，又鼓励纳入新技能。

6. 使用促进沟通延伸的媒介

这些活动的目的在于沟通而非发展完美的语言结构。虽然这是教导延伸语言技能的完美机会，但过于专注语言结构，会抑制自发性的发展。有必要在二者间取得微妙的平衡。将关注点更多地放在实用性沟通上，如开始对话、轮流，可能更有价值。

7. 成为多媒体试验者

大量的照片、分类图片、标签及其他视觉资源都可以为你提供视觉支持。让学生参与到找出并准备这些视觉支持的工作中。如果学生能够认得出实物或图片的影印本，也可以利用原图或影印机缩小或放大实物。这些视觉资源的使用让学生更有意识地去寻找环境中的实物，用以辅助自己向他人传递信息。

使用学生容易辨认的形式，并不表示不用写。即使学生不会读或阅读技能有限，也可以将书面文字作为工具。

图文结合的方式，不仅是在教授另一种技能，也有助于锻炼学生快速辨认的能力。

小提醒： 为了从视觉桥梁中得到更多信息，有必要让沟通两端的人理解沟通的目的。试着给学生足够的时间进行沟通很重要，这样工具才能发挥作用。制作视觉桥梁需要时间，参与它们引发的沟通也要时间。然而学生从中得到的回报，远远超过其在这过程中所付出的时间和努力。

重点： 促进环境间沟通的视觉工具可以：
- 赋予学生分享关于自己的信息的责任。
- 减少老师与家长沟通的工作量。
- 让学生学会更有效地传递信息。
- 使学生能与更多人分享更多的信息。
- 加强人际互动。
- 让沟通伙伴更好地理解分享的信息。
- 让沟通更有效，也更有乐趣。

第三篇
多元环境中的沟通

第六章
改善家庭沟通

虽然本书所提出的策略主要用于学校环境里的训练，但不要忘记沟通训练的最终目的是教给学生技能，以及找到使他们校外生活更顺利的方法。这些视觉工具不仅可以辅助教育过程，也为学生的家庭生活提供支持。

这意味着家庭和学校应该一起合作，做完全一样的事吗？

使用视觉工具辅助沟通可以超越环境的限制。虽然总体策略是相同的，但具体到家庭和学校的操作过程中会有些差异。尽管我们全力提倡建立家校之间的"一致性"，但两者间存在的明显不同也不可忽视。学校可以人为地结构化，而一般家庭因为人员的变化，往往很难做到这一点；另一方面，学生在家中拥有一定程度的自由和自我管理权利，这又是学校给不了的。家庭和学校依据各自环境中的独特要求和需求建立常规。因此，所谓的一致性成了一种相似的风格，而非无法修改的刻板。

你建议家中的每件事都应该可视化吗?

一位智者曾说:"假若没有损坏,就无须修理。"如果有些家庭的常规、沟通互动进展得很好,为何要改?没有理由只为了"更精致"或配合另一种环境,而改变进展顺利的事物。不过,对于不能发挥有效作用或因特定原因不得不改变的情境,为何不花些时间和精力尽力去改善呢?

想一想这种情况:

安迪可以和爸爸一起完成就寝程序。在这过程中二人的沟通互动都很好,没有任何问题。那为何要改变呢?问题在于到了就寝时间,若爸爸不在家,安迪便无法完成就寝程序。这是问题的症结所在,也是干预方案的切入点。可以使用视觉支持,帮助安迪在爸爸不在时处理事情。为什么会发生问题呢?爸爸不在时,安迪反对上床睡觉吗?还是常规中的步骤发生变化,他难以转换?切实的辅助策略应以解决爸爸不在时的困难为目标。视觉工具可以给安迪提供所需的信息,引导他完成一系列的活动。不过,这不意味着爸爸及安迪需要改变常规,只是爸爸可以运用一些特殊策略,以便在他不在时辅助安迪。

我试着与某一家庭合作。我们制作一些家庭海报和图片,但并没有持续很久,因为孩子的妈妈表示,她对家里看起来像学校一样感到厌烦。

沟通支持必须符合家庭的审美观和功能性需求。如果家庭成员对这样的支持感到不舒服,不管什么理由,其成功使用的机会会降到零。这些工具不会被使用,也无法达成目的。为了成功融入家庭生活,原来在其他地方可用的设计可能需要调整。这里有一个范例。

想一想这种情况：

杰里的妈妈和学校老师一起开发了一套图片，她将这套图片放在厨房里用于与杰里沟通有关食物的选择。起先，妈妈热衷于使用图片，将图片挂满整个厨房，杰里也很喜欢。后续追踪显示，妈妈取下了图片，不再使用。她厌倦了这些图片"挂满整个厨房"。很明显，妈妈对整齐厨房的期待超过了对杰里沟通的重视。遗憾的是，移开图片是她唯一接受的解决方式。

修改现有系统时，必须同时考虑杰里的沟通需求和妈妈的审美观。是可以找到满足双方需求的形式的，例如，可以将图片放在盒子里、相册里或贴在冰箱上，而不是挂在橱柜的门上。

这是另一种情况：

查德需要学习更独立地完成洗澡常规。妈妈请老师协助。很快，他们就一起做出了一个海报板，上面给出了很棒的独立洗澡步骤分析图。查德可以读懂这个海报，所以大家认为，用不了多久，他就能掌握这个技能。问题是，你要把这样一个大型海报板挂在浴室的哪里呢？所以，很遗憾，因为缺乏便利性，这方案失败了。

不论意图多好，有多努力，方案就是行不通。不过，小小的改变可能产生意想不到的效果。令人遗憾的是，当花费许多努力只得到失望的结果时，人们就会放弃提供支持的尝试。幸好，有一些准则可以遵守，以提高成功的可能性。

▶ 居家简易概念

本书所描述的视觉策略，可以多方面辅助家庭沟通。

当一下子面对许多概念时，我们就不知道要从哪里开始。对于最佳的家庭系统与策略，可以每次引入一点。这是开始的一些方法。

用冰箱作"沟通中心"。到办公用品店或工艺品店购买：

- 一包磁铁。

    或

- 粘贴纸条、粘贴磁铁。

    或

- 背附磁铁的透明亚克力相框。

    或

- 带磁性的夹子或钩子。

一旦你有了磁性的工具，你会惊讶地发现原来这些东西都可以挂。利用冰箱放置视觉工具，为孩子提供信息。

创造一个家庭信息中心。找一本大方格的日历，如果你有地方可以容纳，桌面般大小很好用。利用这个日历来提供所有家人的消息，如：

- 家人去哪里了？
- 他们什么时候晚回家？
- 他们什么时候不回家？
- 常规事件什么时候发生？
- 特殊事件什么时候发生？
- 什么时候朋友来访？

购买口袋型相册。小到可以放入钱包或口袋里的工具，很适合离家携带。开始收集视觉物品吧！这样，当你们离开家时，就可以为孩子提供所需的信息，包括：

- 你要去的地方。
- 做的选择。
- 遵循的规则。

・有助于应对改变或转换的事物。

开始收集有价值的视觉物品。准备一个收纳盒，专门用来放置你发现的可能哪天会派上用场的视觉物品。有时，你会找到你当时并不需要的东西，如杂志或广告里的一张照片、最喜欢餐厅的菜单或某家商店的优惠券。留意"免费赠品"，如可以带回家的餐厅菜单的复印件。留着这样的菜单，以便你与孩子外出用餐前进行参考并做好准备。

购买照相机。参考第九章有关照相机与拍照的建议。这里提倡记录对孩子真实和有意义的事物。在车上放一部照相机，当你到一些对孩子有意义的地方旅行时，可以拍些照片，然后存入档案中。不要强迫自己到城里四处走走，以免弄得精疲力竭，只要拍一些日常生活照片即可。如果是一张快照，可以和孩子一起把照片带回家，放进相册里。

为生活中经常出现的爷爷、奶奶、朋友、邻居拍张照片，利用照片告诉孩子将发生的事。例如，利用爷爷和奶奶的照片，告诉孩子他们今晚会过来吃饭。然后，用磁铁将照片挂在冰箱上，以备参考之用。

利用周遭的家庭工具。寻找家中现有的并可以用来辅助沟通的东西，如时钟、厨房定时器、电视指南、日历、包裹上的标签。你或许已经在使用其中一些了。一旦你有了"视觉"这根弦，你可能会发现以前未曾想过的机会。

协助孩子安排空间。整理他的私人空间，给每样东西指定特定的位置。利用箱子和收纳盒分类、组织及归档，将箱子、收纳盒和抽屉贴上标签。

也安排其他家人的空间。协助区分你的和不是你的，可预防很多问题的发生。

给孩子提供参考活动的机会。给他参与发现、取出、收拾及携带视觉物品的机会。让他把东西挂上、划掉日历或目录上的东西,或者剪下优惠券。

找出孩子可携带的东西。孩子很难应对转换。孩子提供一些与目的地相关的东西,以便查看和携带,如要去商店使用的优惠券、购物中心的购物单或要拿去干洗店的一些衣服。

指定特定的位置放视觉物品。你买了一本相册,并将照片放了进去,但需要时,却找不到相册,那时你会备感受挫。可试试一些地方,像冰箱、前门、车子手套箱内的钱包,或使用某些事物的特定房间。

将视觉物品摆在孩子容易接触的地方。将视觉物品放在孩子够不到的冰箱上,难以达到目的。如果孩子对视觉物品产生依恋,不要感到惊讶。有时,家长给的反馈是,孩子将视觉物品取下并带着到处走已经成为常规的一部分。因此,强调这些视觉物品的沟通价值将变得更加重要。

将视觉物品放在需要的地方。食物可归入厨房,在浴室或卧房使用的工具则可以留在那些位置。从卧室跑出来,到厨房拿图片再带回卧室并不方便。有些东西你可以在多个地方都备一份。

从一件事开始。你需要从一张图片、照片、标签或标识开始。很棒的是,你有想法,知道要去哪里,但应该从简单开始。读完本书的建议之后,你可能已经找到好几种对孩子有效的技巧。但仍然得从一件事开始。然后,每次计划一小部分。你可以花上六个月或一年的时间,去收集家中可以用来辅助沟通的小东西。得花这么长的时间计划,慢慢来,只要不是慢到没有进度就好。

使用工具。有些人是"收集者",不是"执行者"。沉迷于收集视觉工具并非好事,除非被使用,否则这些物品不具任何价值。所以,可以一点一点地收集与使用视觉物品。如此，不仅你可以知道什么最有效，也能避免你花许多的心力去收集无法派上用场的物品。

教导孩子如何使用视觉工具。只拥有这些视觉工具是不够的。当你与孩子沟通时，必须坚持使用工具，如此他才能学到工具的价值。

赋予孩子责任。让他尽可能地参与制作和使用视觉工具。让孩子负责在需要时拿出并收好物品。赋予孩子这样的责任后，他们通常会主动地让你知道还需要额外收集什么东西。仔细聆听，他们将告诉你想要和需要的东西。

小提醒：视觉支持可提升全家的沟通质量，而不仅仅是有特殊需要的孩子。牢牢记住以上几点，让全家参与到视觉工具的制作和使用过程中，以设计出适合全家的视觉工具。

▶ 居家成功的可行性

视觉工具旨在为沟通提供支持。要想在家中做到这一点，方式有许多。这里有些观点可供参考，从而让你的付出能有所回报。

理念

可行：意识到家庭与学校的差异。需求不同，环境的要求也不一样。

可行：记住家庭的沟通需求和目的与学校不同。

可行：记住家庭可能有许多进展得不错的常规和互动模式，不需要改变。

可行：意识到学生在家里可能具备一些互动的技巧。然而，离家后，他们可能无法应对类似的情境。或者，他可以处理好其他环境的要求，却难以在家中进展顺利。

可行：记住问题都是一点一点解决的，一次巨大的改变不可能将所有问题都解决。

可行：记住视觉策略不是"治疗"，而是收集大量的工具。如果这些工具能满足你的需求，并得以使用，它们将发挥作用。

可行：确认沟通伙伴间的沟通互动必须有效。如果在相当复杂难懂和简单快速容易的方法之间做选择，大多数的人会采用最容易产生预期效果的方法。

可行：让沟通支持尽可能以普遍能理解的形式呈现，这样也能促使其他家人、邻居、保姆或亲戚等使用。

规划

可行：意识到在设计居家视觉支持前，需要花些时间规划。不管怎样，投入时间才能积极地改变参与的情形。

可行：记住学生可能需要通过训练（再训练）才可以在家使用视觉工具。即使他在学校或其他环境中能成功使用工具，泛化到家庭时也可能需要额外的帮助。换言之，相同或类似的工具即使已成为学校常规之一，在家使用还是有差异。

可行：一次只设计一项视觉支持。

可行：记住视觉辅助沟通系统的设计过程是持续进行的，应如同生命的进化般持续地改变（增加、删减及调整）。如果这些改变不是随着需求的改变而改变，那么这样的系统终不能发挥作用。

可行：理解规划的过程并不一定都很冗长。针对一个需要立即被满足的需求,应给出一个简易、立即奏效的解决之道。

合伙关系

可行：围绕视觉工具里的概念,建立老师与父母间的合伙关系。这是高度个人化的手艺,相较于期望他人去尽力揣测你适合用什么,制作自己的工具可以更有效地满足需求。其实,家庭和学校中的一切事物,不必也不用完全一样,但协调有帮助。

可行：意识到在合伙关系中的各方,不论是对需求的理解,或是对需求提出的解决方法,想法不需要一样。

可行：在规划及准备居家使用的视觉工具时,尽可能让学生参与。他的参与所产生的效果会令你感到惊讶。

可行：在设计和使用视觉工具时,让其他家人也参与其中。当他们理解了视觉工具的目的时,会更有意愿参与使用。

让视觉沟通成为家庭事务

可行：记住许多视觉工具可以为整个家庭服务,例如在日程表中纳入所有家人,或为所有孩子制作视觉版本的规则。

可行：考虑为全家使用标签系统、色彩编码及其他组织策略,而不是把视觉支持当作某一孩子的"额外工作"。试着把这些概念融入一般家庭生活中。有特殊需要的孩子参与"全家如何做"的程度越高,这些系统就越能发挥作用。

可行：用视觉工具辅助与其他人的沟通，如保姆、邻居、访客等。向他们解释这些工具是什么，及用来辅助孩子的目的。一旦他们理解了，他们就会更热心地参与。

形式

可行：了解什么是居家最好的呈现形式。大多数家庭都不太喜欢在墙上挂个巨型的海报板，他们更愿意在冰箱上用磁铁挂东西。

可行：改变不起作用的物品。第一次尝试可能不完美，然而，只有尝试了，你才会知道"如何做才能更方便或更有效"。

可行：使用工具时，一定要准确地在上面写下你所说的或做的事，让每个人都能理解。

可行：记住视觉工具可以是家中本身就有的物品，不需要特别制作。例如，电视指南、食物包装纸、优惠券和家庭用品等，如果能适当地用来辅助沟通，可以成为成功的视觉工具。

可行：保持简单，这样你才更有可能坚持到成功的时候。

▶ 给家长的一封信

养育有特殊需要的孩子和养育其他孩子有相似之处。养育小孩是一种学习与放手的过程。你应对两岁孩子的技巧，在他五岁、九岁或十六岁时便会失去效果。随着孩子长大成熟，他的需求也跟着改变。随着需求改变，养育子女的技巧也需要改变。在这方面，所有孩子带给父母的挑战是相同的。

父母逐渐感到疲乏。维持家庭与家人的平衡，需要投入更多精力，而这往往超过了他们可以承担的范围。因此，我们希望视觉策略的实施可以让每个人的居家生活更容易些。这是一个动态的过程，随着各种生活需求层出不穷，策略也需要发展及改变。

记住，视觉支持的概念不只是精心准备工具而已。像给孩子提供一张优惠券这样简单的技巧，一样能够传达许多信息来为某一情境提供指导。一旦建立视觉思维模式，你会发现许多可用的小事物。逼着自己制作精巧、复杂的系统，引起的压力可能多过所能解决的问题。相反，把一些努力放在应对少数具有挑战性的情境上，可以得到相应的回报。关键在于利用许多小事物，但先从一件小事开始。没有任何公式可计算多少是合适的，只有你有答案。

祝你的旅程顺利。

重点：视觉工具是家庭最佳的资源，它们可以：
· 提供信息。
· 提供结构化和条理化环境。
· 管理行为。
· 为沟通与自理提供支持，给家庭带来较大的乐趣。

第七章
社区中的沟通

当今的趋势是教导有特殊需要的学生尽可能独立地生活在社区——"真实的世界"中,这个过程必然充满挑战。在帮助学生掌握功能性综合沟通方法的过程中,面临的最大挑战之一是,让学生学会使用有效的沟通策略来积极地参与社区生活。

关于教授何种沟通形式以参与社区生活,理念的多元令人惊讶。所依据的理论从纯粹主义到讲求实务。然而,不管支持的是何种思维范式,必须考虑以下几个因素。

第一个事实:在学校和家庭中对学生很管用的事物,放在较不熟悉的情境与人群中,效果都会大打折扣。

第二个事实:社区中每一个人的沟通能力和对沟通失败的忍受程度,都不一样。不管学生具备何种技能,他们都很难为这种不确定性做好准备。

第三个事实:相较于规划良好的教育环境,或井然有序的家庭环境,社区环境具有不可预测性和无结构化特征。分享信息、听懂指令及理解实现目标的步骤,这些过程存在很多变数,对沟通无障碍的人仍是挑战,对于沟通

> 理解线索和信息、提供信息或提出请求,是社区沟通成功必备的条件。学习解释环境和表达一样重要。

> 因此处讨论的需要,社区被界定为家庭或学校之外学生参与的场所。社区可以包括邻近地区、购物圈、餐厅、别的家庭、教堂、医生办公室、旅行途中及学生可能到访的其他地方。

困难者来说，就更像是难以克服的障碍。

教育工作者和家长在确立目标时，有理想主义的倾向，也有悲观主义的倾向。成人对学生在社区中表现的期待，无法反映学生真正的潜力。有时，学生被过度保护，以至于没有学习独立的机会。事实上，当努力为学生调整环境和策略时，人们可以看见进步，只是有时无法认定有多少成功是他们本身适应和自我调整的结果。这会造成学生在其他环境中也会成功的错觉。要想让学生为社区中的互动做好准备，就需要采用非常实用的方法。

本章旨在为视觉沟通策略在学校和家庭外的运用提供框架，目的不在于提供有关辅助沟通的深度讨论。本章也不会回答沟通训练中产生的所有理念性问题。相反，本章重在讨论如何将视觉支持延伸至另一种重要的环境中。当考虑在社区环境中使用视觉支持时，别忘了我们曾在讨论中得出的一些结论：

- 视觉工具辅助沟通的所有环节，包括理解、组织及表达。
- 每个人都离不开视觉支持。
- 大问题有时是一点一点来解决的。
- 书中的任何方法都可以通过调整运用于社区环境中。

▶ 确立社区参与的目标

考虑到现行社会与教育的趋势是提倡障碍者积极融入社区，本章将重点讨论那些有独立潜能，或能在监护下参与社区生活的人。虽然学生达到社区目标的成功程度，经常取决于其沟通能力，但很多严重的沟通障碍者通过一些训练和辅助，也能很成功地融入社区环境中。

为了让学生融入社区环境，需要做哪些准备，在这方面似乎存在很多分歧。

是的！有的理念提倡社区应该为特殊需要者提供许多便利设施，而有的理念则认为特殊需要者必须习得代偿能力，使他们能有效地融入社区。尽管社会上还在为持哪种理念而争论不休，但我们要保持高度的敏感性，即让学生为融入即将居住的环境做好准备。要做到这一点，有必要讨论以下问题。

问题是什么？

虽然有很多问题，但以下这些问题才是我们考虑的重点。

问题一：学生的家庭目标为何？

这是关键问题，否则花费时间教导学生，却无法达到目标。他要住哪里？他要在哪里工作？他将与谁共度时光？他要去哪里？他将承担何种责任？这些问题的答案都为确立学生要习得的技能提供了参考。学生的年龄、能力、家庭氛围及居住的社区不同，据此形成的理念也有很大的差异。重要的是，别忘了随着家庭理念的逐步形成、学生年龄的增长，以及已习得哪些技能，还缺乏哪些技能等问题的出现，上面问题的答案可能也会发生变化。

问题二：什么是学生在社区中，现存的和未来实际的可能性？

进入青春期或成年期后，他能够独立或运用较少的辅助在社区中生活吗？他常常需要帮助或督导吗？他能在社区中表现出适当的行为并理解社区常规，只是缺乏特定的沟通能力吗？他可以与他人进行充分的沟通，但在完成常规方面却需要辅助吗？除了沟通，学生还需要学习其他的行为和技能吗？明确你为学生在社区环境中所设定的主要长期目标。这个目标是要学生学会复杂、老练的沟通还是独立自主地生活？他参与社区生活的程度是不是已经达到了可以完全自主完成所有成人的任务并承担相应的责任？或是他已学会如何参与选择性的活动和常规？他所在的社区环境的包容性如何？他所去的地方对他的情况有多了解？去街角商店规律性地买点小东西与突然到购物中心是非常不一样的。

哇！有许多要考虑的事。

确实如此，不过重要的是，要从长远的角度来考虑学生全面的需求，否则，花了许多时间教导技巧，却没有满足学生真正的需求。甚至，在没有提供辅助以提高他的参与质量，使其生活更为顺利的情况下，就让他进入生活状态，终将以失败而告终。普通学生在学校学习了技能，不需要特别训练就能将其泛化到其他生活领域。孤独症或其他中重度沟通障碍者通常需要训练和辅助，才能满足非常特定的需要。当然，尽管与社区的接触有些许不同，但我们想要在所有教育领域都如此做。

为什么社区中的沟通不同于学校或家庭？

相较于较熟悉的环境，社区更缺乏弹性和宽容。社区因其复杂的要求，再加上弹性和便利的缺乏，形成了一大阻力。尽管我们没办法修改社区中的规定，但我们可以通过视觉策略来完成一些生活常规。这对所有人来说，都并非易事。由于我们的学生得花较长的时间学习，所以有必要锁定他们的需求，以充分利用他们的时间。

好！现在我需要加入这些视觉概念，要如何进行呢？

记住我们就是在谈论学生顺利理解、自我安排及向他人表达意愿的能力。我们可以利用社区已有的视觉支持来提升学生的理解力。虽然其他学生可能不需要特别训练就会使用，但我们在这里谈论的学生，他们中很多人都需要专门学习如何使用信息和支持以达到最大效益。不论是环境还是专为满足特定需求而设计的个人工具，这些视觉策略都可以在不同方面提升个人的组织能力。

对于会说的学生，他们不是不需要视觉支持吗？

记住这与有无口语能力关系不大。视觉支持都能帮助他们理解得更好。会说的学生也经常利用视觉支持辅助自我表达。想一想以下在当地餐厅点餐的情况：

- **发音不清楚的学生**：熟悉他的人可以理解他，但陌生人总是不知道他在说什么。
- **点餐有困难的学生**：他不记得想要的东西或忘了点了什么。
- **在点餐过程中无法记住或不知道如何回应店员问题的学生**：当他点汉堡时，店员问他："你要的是大汉堡还是小汉堡？"他知道如何回答吗？
- **没有算钱能力的学生**：他不能算出他是否有足够的钱买想要的东西、要给收银员多少钱，或离开时要给多少小费。

这些学生都可以从视觉工具中获益。别忘了，这些视觉工具具有提供结构化环境的功能，从而使任务更易于被有效完成。视觉工具可能不是沟通的主要方式，但可用来

> 当谈到功能性阅读时，一些教育工作者开始列举"典型的标语"，如"停止""行动""小心"。你最后一次使用这些线索是什么时候？现在想想你常用的其他视觉信息，如促销标识、价格标签、菜单等。确保你要教的是最有用的技能，而不是一套包装整齐的产品。

帮助学生整理思绪，使沟通更为简短、明了，也可以作为信息交流的平台或帮助学生在情境中做必要的决定。

想得越多，越觉得复杂。要如何利用社区中的视觉工具呢？一切都在变化，你无法拥有像在较有限制的环境中一样的掌控力。

这就是问题所在，也是评估性问题如此重要的原因。太多的事取决于学生的个别需求。尽管你无法列出现实世界的所有变量，但你可以教给学生有效的常规和代偿的方法。有些视觉工具可融入学生的生活模式中以永久使用，有些则作为阶段性训练工具，当学生的需求改变时，便取消不用。

何种视觉策略有用？

我们的发现只是冰山一角，书中的任何概念都可以改进。第一步应教学生使用已经存在的辅助。如果学生能够理解标识、菜单、实物及其他任何事物所传递的信息，那么这些事物都能派上用场。接下来，需要发挥你的创造性。别忘了，基本的目标是促进独立。

> 普通教育教授一般性技能，并推定学生会将这些技能泛化到生活环境中去。但这不会发生在我们的学生身上。这里的基本思路是明确锁定你想达到的目标，然后你才能确定为达到这个目标你需要教的技能和提供的辅助。

哇！我必须说，有太多东西要教了！

当前人文学科的教育实践表明，在教导有特殊需要的学生时宜采用从总体到具体的学习方式。该理论提到，如果根据发展的常态来训练学生习得技能，依他们的学习速度，可能永远无法完成这些训练步骤，他们可能永远学不会普通学生可完成的步骤和习得的技能。因此，先确立学生要达到的终极目标，才能更有效地利用他们的学习时间，接下来才能教他们完成这些目标需要的特定技巧。

这个理念与现今界定特殊教育计划的"基于成效的教育"（Outcomes Based Education）相吻合。

好，那么我们从哪里开始？

"社区沟通评估表"将指导你观察学生的技能和环境需求，你可以从中找到方向。接下来：

- 找出学生想要并能够去做的事，这个过程将启发你从何处开始。
- 以学生现在或想要参加的活动类型为目标。
- 明确他的同伴在这些领域能完成的程度，将其作为你做决定时的参考。

根据本书的主题，社区评估的目的是找出融入社区所需要的沟通要素。一旦你有了沟通的"思考模式"，你会意识到大多数的任务和行为都涉及沟通。我们只有关注在情境中的沟通需求，才有机会使用视觉支持帮助学生获得更大成就。

▶ 社区参与评估

越来越多的教育方案将社区作为训练场所之一。与其假设学生会如何处理，不如观察他在社区中的互动情况，这样可获得更多的信息。在社区环境中的训练，结果也优于经验模拟。

虽然通过观察可获得丰富的信息，但评估框架应包含以下四个主要问题：

1. 学生现在的技能有效吗？当他竭尽全力且目标明确时，他能否成功？没有特别的困难吗？他的行为是否反映出对环境需求的理解？

2. 学生现在的技能有效率吗？不费周折，就可以轻松完成任务吗？
3. 完成学生目标的现行方法易操作吗？相关人员都理解他们需要知道的吗？
4. 现行制度有利于社区发挥作用吗？该制度鼓励社区参与吗？能让社区轻易地参与进去吗？它尊重公共场所设置的时间限制吗？
5. 训练的目的是让学生能更独立地完成目标吗？

当你明确了要评估的社区活动时，"社区沟通评估表"可以指导你进行观察——评估环境、确认成功参与环境所需的特定沟通技巧，以及评估学生在活动中的表现。观察的结果将帮助你在以下方面做出决定。

1. 教授何种技巧。
2. 现存供学生使用的环境支持为何。
3. 何处需要视觉工具的支持以提高学生的独立性。

▶ 社区沟通评估表

姓名＿＿＿＿＿＿＿＿＿＿日期＿＿＿＿＿＿＿

出生日期/年龄＿＿＿＿＿评估者＿＿＿＿＿＿

▶ 情　境

学生将参加什么活动？

☐用餐　　☐逛街　　☐其他：＿＿＿＿＿＿＿

☐差事　　☐约会　　＿＿＿＿＿＿＿＿＿＿＿

☐工作　　☐娱乐　　＿＿＿＿＿＿＿＿＿＿＿

学生携伴或自行参加？

学生将处于熟悉还是陌生的环境中？

要实现的目标：

☐用餐

☐工作

☐参与休闲活动

☐购物

☐退还（瓶子回收、退货等）

☐询问信息

☐完成特定的事务（银行存款、付账、医生预约等）

☐其他：＿＿＿＿＿＿＿＿＿＿＿＿＿＿＿＿

完成目标的必备技能：

▶ ## 环　境

场所的类型：

☐ 小型独栋商店　　　　　☐ 教堂

☐ 办公大楼　　　　　　　☐ 诊所

☐ 大型环境，如购物中心　☐ 公共娱乐场所

☐ 其他：_____

特殊需要：

☐ 找到想要的场所　　　　☐ 做选择

☐ 知道出／入口　　　　　☐ 遵守规则／流程

☐ 其他：_____　☐ 找到洗手间

需要使用何种无障碍环境？

☐ 以特定方式打开的门

☐ 引导的标识

☐ 排队的线

位置： ☐ 直梯　　☐ 扶梯　　☐ 房间号码

　　　　 ☐ 走道　　☐ 专用柜台

　　　　 ☐ 其他：_____

成功应对这种环境所必需的规则或惯例：

在这种环境中已使用的帮助或辅助有哪些？

在这种环境中可使用的辅助或援助有哪些？

人　　员： ☐ 秘书　　☐ 特别辅助者　　☐ 店员／收银员

　　　　　　 ☐ 接待处人员　　　　　　　☐ 保安

书面资料： ☐ 说明　　☐ 使用指南　　☐ 标识

沟 通

情境中的特定沟通需求：

理解：

口语沟通：

　　☐ 听名字／数字／轮到的号码

　　☐ 理解要求和问题

　　☐ 理解他人提供的信息、解释或与他人的谈话

非口语沟通：

　　☐ 手势

　　☐ 肢体语言

　　☐ 面部表情

阅读或解释：

　　☐ 标识　　　　　　　☐ 辨别标签/尺寸/种类/颜色/

　　☐ 菜单　　　　　　　　　味道

　　☐ 地址／房间号码　　☐ 确认价格

　　☐ 图表／目录／名牌　☐ 确认对象（如收银员、业务

　　☐ 遵循流程的说明　　　　员、安全人员）

　　☐ 操作机器的说明　　☐ 只找零／机器只收专用硬币

　　☐ 识别特定物品／　　☐ 采购单

　　　　产品／品牌

表达：

表达性沟通：　　　　　　书写：

　　☐ 提出请求／抗议　　☐ 签名

　　☐ 提供信息／回答问题　☐ 填表

　　☐ 社交对话　　　　　☐ 标记箱子、记分

学　生

在确定的社区场所中，学生当前的表现可达到何种程度？

同龄的学生如何应对这样的环境？他们的参与达到何种程度？

学生如何利用身边可得的支持和援助？

哪里出现沟通障碍？

当沟通障碍出现时，会发生什么事？

学生需要学习哪些额外的技能？

学生需要学习使用什么样的环境支持？

什么样的视觉支持可以用来帮助学生做好准备、组织及实现目标？

什么样的训练或辅助可以帮助学生完成目标并使他变得：
- ☐ 更有成效
- ☐ 更有效率
- ☐ 更能适应社区
- ☐ 更独立

当学生离开学校时，你期待他能达到何种程度？
- ☐ 独立
- ☐ 部分独立
- ☐ 部分参与
- ☐ 辅助

▶ 在社区中创造成功

当学生参与到社区中时，视觉策略可提供辅助。正如学生在有着丰富视觉支持的学校和家庭环境中表现较好一样，他们也可以从社区提供的辅助中受益。

基于本书所提的观念，想一想，什么是学生融入社区的最佳沟通方法？

既没有所谓"正确的"技能，也没有可以套用的简单公式。答案是一点一点得到的。要想获得答案，需要评估学生所到之处出现的个别需求。当进行这样的过程时，需要做以下这些"可行"的事。

可行：充分评估那些需要在环境里发挥作用的技能

在对任务进行充分分析后，其结果往往令人惊讶。社区中一件简单事务的处理，所涉及的步骤和沟通要素远比我们想到的还要多。

可行：将获得成功所必备的技能作为目标

确认学生已经可以恰当使用的部分。记住，社区中可接受的行动范围很广。目标是成功，而不是完美。

可行：将学生完成目标所需要学习的常规作为教学重点

现今的学习理论建议把常规作为整体来教，而不是在教导单独的技能的同时，期待学生将这些单独技能内化成整体来吸收。当参与常规时，情境将提供内在线索来给予额外的辅助。

可行：训练学生从现存环境已有的辅助中获得信息

如果学生知道如何利用标识、实物、菜单和其他有用的工具，他就会发现环境中处处都有辅助。阅读菜单以获得信息；参照促销单上的图片，浏览货架上的物品以做出选择；找出、阅读及遵循标识和指令来指引活动的进行。许多学生并不能适当地使用手边的信息。肢体语言，如看向、指向等，也可以帮助学生得到更多信息。

可行：教导学生如何通过指向或借助环境中的事物来辅助沟通意图的表达

指向某物或其他肢体语言，可以帮助倾听者更迅速理解正在沟通的内容。将菜单作为自然沟通板，指出想要的物品。指向某个标识，表达某一请求。教学生通过指向物品来表达沟通意图，也将鼓励倾听者使用这些所指之物，从而提高互动的效率。

可行：追求简单化

装在口袋或钱包内的简易线索卡，是否与较大或笨重的工具一样可以达到沟通的目的？预先填好的表格或准备好的复印件，是否比花宝贵时间记住信息来得容易？相较于试图使用一件大型工具解决所有问题，针对不同的场所或事物使用不同的工具，这样的互动更易实现。

可行：条件允许的话，训练学生使用扩大性工具，辅助与他人的互动

如果运用得当，工具能为学生和社区之间的理解与表达提供辅助。训练学生妥善管理和放置工具，以便于其他人使用。

可行：别忘了，学生可能难以理解对他的要求

为视觉工具的使用提供结构化环境，有利于促进学生的理解。如果工具在帮助理解方面够简单、明了，许多沟

> 记住，即使是有口语的学生，也可能需要辅助来整理思绪或帮助修复中断的沟通。

通伙伴会自然地借助它来辅助沟通。

可行：设计大小方便使用的工具

能够放在口袋、钱包或皮夹里的工具最容易携带。尽管方便是目的，但书面文字和图片符号须够大以便于快速辨认。

可行：使用人人能理解的符号来设计工具

应该让不熟悉的人也能立即辨认出所呈现的想法或信息。图文并用有助于将意图表达得更清楚。

可行：意识到学生的需要或渴望是可预测的

简化沟通工具以适合学生的需要。如果他每次去最喜欢的快餐厅都点相同的食物，或许对应的沟通工具上只保留那些物品即可。如果他遵循的常规或需要的帮助总是不变，那么工具应以他的需求为特定目标。不要把这个过程弄得很复杂。试图考虑所有可能的选择，会使沟通情境变得太复杂。

可行：为融入社区做好准备

磨刀不误砍柴工。提前看菜单、想好要点的东西、准备好钱或制作购物清单等，这些工作使社区的校外教学更具教育性，也更易取得成功。因此，提前想到要满足的特定沟通需求，并做好准备。

> 记住，视觉支持既可以帮助学生，也能为社区中的人们提供支持。

可行：教导学生在物理空间上管理视觉工具的方法，这样将更有效地发挥它的作用

想一想摆放视觉工具的位置以及握持的方式。当使用工具辅助与他人的沟通时，动作要协调、准确，要突出握持的物品，以便让其他人看得清楚。学生需要学习留意，以确定倾听者是否注意到。

> 现今许多流行服饰没有口袋，或口袋太小，不好用。试着使用腰包，男生、女生都可以用。这样，学生也能对自己的视觉工具负责。

可行：教导学生对自己的工具负责

前往社区时，记得带上视觉工具。记住，在恰当时间使用，用完要收好以供下次使用。管理工具也是常规中很重要的一部分。

可行：考虑环境的时间限制

如果你在就餐高峰期去快餐厅就餐，费时的点餐方法是不合适的。学生需要学会完成交易，但不能不考虑对方的情况。可以选择没有过多时间限制的情境，在这种情境中可以慢慢做选择。

可行：对社会大众解释学生沟通意图的能力保持清晰的认识

社区中不是所有人都能像你一样理解学生或与之沟通的。即使学生能够理解你，他也可能无法理解社区中的人们。当沟通失败时，人们会感到困窘。试着避免这样的状况发生。教给学生沟通失败时的替代性策略，以便互动可以顺利进行。探寻人人都能理解的沟通策略，以取得更大成就。

可行：为沟通互动建立结构化环境，让成功易于取得

即使学生在家或学校里能运用更复杂的技能，但到社区中情况又不一样了。他们更倾向于使用不太复杂的方法，因为用起来更自在。

可行：使用的方法应尽可能让学生看起来不那么"特立独行"

即使科技越来越容易获得，携带一台小型计算机到便利店，也不会比使用口袋型卡片更方便或更有效。

可行：记住学生的偏好

对于喜欢及感到自在的事情，他们取得的成就会更大。应依据学生的需要，设计视觉支持的尺寸和形状。

可行：促进独立

如果学生在某人辅助下，可以处理一项复杂的事务，但没有那人的辅助就做不到，那就表明那项事务确实太难了。应回到较为简单的形式，让学生可以独立处理。

建议远不止以上这些，但目的都在于鼓励你学会全面思考。通常，可以通过小事情，判断学生能否独立应对环境、面对挫折等。不要被学生表面的智力所蒙骗……要找到失败的原因所在。这样，当你看到一个计算机水平达到大学程度的学生不能顺利地在便利店买到零食，而有些沟通能力相当受限的学生却可以比预期更独立地处理社区事务时，也就不会感到惊讶了。对沟通的广义理解鼓励我们关注有效参与其他环境所必备的技能。

> 为了训练的目的，有些教育环境为学生提供更多融入社区环境的机会。暂不考虑最终能否融入，有这样的意识就是在朝着"教给学生能运用到生活中的技能"这个目标前进。

第四篇

视觉工具的发展与使用

第八章
开发视觉工具

想必从事教育工作的人都曾通过"剪剪贴贴"制作过教学材料。视觉工具的设计与制作与这些经验相似。

视觉工具与传统沟通板有何不同？有些学生已经使用沟通板了。它们是一回事吗？

已有的、专为那些学生设计的同类型沟通板并不是本书关注的对象。实际上，使用"沟通板"这个名称易遭误解。

为身体功能障碍者设计的沟通板有一些限制，其要满足的需求和实现的目标也不同于其他障碍类别的需求与目标。两者的共同之处在于都需要使用某种视觉符号，作为传达信息的方式。除此之外，其差异之处远远超过相似之处（详见下页"扩大性沟通"）。

> 从发展历程来看，因身体功能严重受损而不能说话的人使用的扩大性沟通板是最常用的视觉工具。沟通板成为那些人表达的方式。长期下来，无法说或不理解但行动自由的学生也加入使用沟通板辅助表达的行列。越来越多的学生使用扩大性沟通，要实现的沟通目标也越来越多。然而，扩大性沟通的重点仍然是辅助学生去表达。

> 传统沟通板和其他视觉工具的差异，不至于造成二者互斥。相反，探索彼此的差异可以帮助我们发现如何更好地使用它们以及哪个功能更有用。因此，使用视觉工具的挑战在于如何发现更多的功能和用途。

扩大性沟通

传统沟通板	视觉工具
目标	目标
・扩大或辅助学生与他人的表达性沟通。	・提升对沟通的理解。 ・促进对环境的认识。 ・提高注意力和听觉理解力。 ・为沟通和信息的组织和加工提供支持。 ・提高沟通意图及互动技能。 ・教授技能。 ・教授自我管理。 ・实现更多有效的表达性沟通。 ・增加独立完成的次数。
主要障碍：身体功能障碍、非口语或无效口语的沟通。	主要障碍：有沟通、注意力、组织、记忆力、沟通互动、词汇提取、口语理解及表达性沟通等困难。
供谁使用	供谁使用
・非口语或智力受限的学生。	・供学生及与其沟通互动的人。 ・老师：为学生的沟通提供支持。 ・学生：理解沟通、控制行为、学习任务及其他功能。

传统沟通板	视觉工具
用途	**用途**
·主要作为学生表达的方式。 ·主要发挥了学生表达性沟通的功能，如请求、抗议和告知。 ·假定学生具备沟通所需的认知水平和听觉理解力。 ·是学生主要的沟通形式。	·提高学生的注意力。 ·成为为学生提供信息的工具。 ·作为引导学生、训练技能及教导顺序的线索和辅助。 ·教授组织能力和人际关系的方法。 ·提升沟通互动的技能。 ·承认学生不论是否有口语，都可以从辅助中获益，以实现有效沟通。 ·辅助表达，如请求、抗议和告知。 ·是完善的沟通系统的组成部分。
外观	**外观**
·通常是高科技，但也可能是低科技。 ·需要在身体所处的有限空间内放很多符号，以方便学生获取。 ·目标是尽可能在有限的空间内纳入学生全部的沟通指令。	·通常是低科技。 ·无空间限制，因为大多数学生都有足够的动作协调能力来做出翻页和把材料从某一场所移到另一场所这两个动作。 ·对符号做出明显划分有助于学生依据活动或场所的不同选取符号，这个时候视觉工具的作用发挥得最佳。 ·根据功能或活动的特点设计的工具，用起来往往更高效，也更有效。

传统沟通板	视觉工具
使用场所	**使用场所**
·需要把符号放在学生够得着的范围或距离内。 ·对行动自如的学生而言，工具的便捷性体现在可以随身携带。	·许多工具应便于携带到不同的场所。 ·可永久置于墙上、书桌上或门上等。 ·放在环境中的位置越巧妙，作用就会发挥得越好。 ·需要摆在活动的中心。 ·需要让所有使用者方便取用。
特定外观	**特定外观**
·由于学生行动受限，所以需要移动、翻页或用肢体选择的工具就需要他人的协助。 ·对行动自如的学生而言，工具通常是口袋大小或具有类似的轻便设计。 ·假定他们达到使用抽象符号系统的认知理解程度。	·为了方便使用，可以使用个性化的符号、图表、本子或收纳盒，将它们收集起来。 ·将肢体动作作为工具的一部分：翻页、做选择、把选择的物品放入收纳盒里、拿出或翻转实物等。 ·尺寸大小视需要而定，小到一张纸，大到一张大海报或一块布告板，都可以。 ·建议用非常具体且普遍能理解的符号，以便人人都能理解。 ·大多数有效的工具采用图文结合的方式描述或标记所呈现的活动或实物。

传统沟通板	视觉工具
语言结构	**语言结构**
·经常以语言结构的发展作为目标，例如，名词、动词等的转化，句子的形成。 ·经常以语言的方式组织符号，因此学生需要选择名词、动词和其他词类，产生独特的句子结构。	·强调沟通的概念，而不是发展特定的语言结构。 ·建议用一种符号代表某一个宽泛的概念或想法。 ·运用有限的语言结构实现有效的沟通，并将此作为主要目标。 ·不强调使用或产生整个句子。 ·表达想法和接收回应只需要有限的步骤，这样才能抓住沟通意图。
听众	**听众**
·由于无法在更广的社区环境中使用，所以听众都是一些熟悉的人。 ·互动速度很重要，但环境对学生的特殊需要需要有一定的接纳性。	·包括工作人员、同伴、家人及社区中的人在内的广泛听众。 ·互动速度可以达到自然沟通的程度。
声音输出	**声音输出**
·有时声音被当作取得注意力或使沟通变得清楚的方式。 ·经常将声音看作维持兴趣和互动的重要因素。	·既然目的是辅助表达沟通意图和维持互动，通常，声音不是必需的。 ·学生学习其他获得注意的方法。

传统沟通板	视觉工具
如何使用	如何使用
· 通常当学生的沟通伙伴以口语沟通时，他就会使用工具回应、发表意见或发问。 · 若负担过重就需要沟通伙伴改变沟通方式。	互动方面 · 作为学生和沟通伙伴间接收和表达的模式。 · 发言者应通过指向、拿着或移动工具来取得倾听者的注意。 · 以个体能够使用的视觉工具和其他形式（如口语或示意动作），同时传达信息。 自我管理方面 · 学生应该学会对所需的工具负责，在使用时熟练地操作，注意其摆放位置。 教学方面 · 教授技能或纠正行为。 · 提供信息。

▶ 教师工具

传统沟通板和其他视觉工具的主要差异在于所有权。工具往往属于教师，是教师的工具。

什么是教师沟通工具？

大多数人认为，扩大性沟通的主要目的是辅助学生与他人沟通。**教师沟通工具**（Teacher Communication Tools）则是帮助教师与学生沟通的工具。这类沟通工具可被视为教师声音的延伸，目的是在教师发出指令、提出问题及进行其他互动时，为学生提供口语和视觉的输入。

本书中大多数的视觉工具经过改造都可以成为教师沟通工具。教师工具从多个方面促进沟通互动。

1. 教师示范将口语与视觉实物、图片和/或文字配合使用。
2. 教师工具可用来辅助口语和非口语学生的沟通，这些工具主要用来辅助学生注意和理解。
3. 这些工具能减少教师口语的使用，从而有利于促进学生的理解。
4. 经过事先筹划的视觉工具可以引导工作人员将沟通的事物变得更明确，同时促进教师、助理人员及其他参与互动人员保持一致性。
5. 帮助教师在提出期待、遵守流程及完成常规方面更具一贯性。
6. 学生参与得更好。他们可以集中注意力，显示出更好的理解力、记忆力及坚持力。
7. 在不同环境中与不同的人接触时，学生行为因沟通工具所提供的一贯性而改善。

教师是唯一使用这些教师工具的人吗？

这里的"教师"概念可扩大至那些教导学生或与学生互动的人。大多数方案都会配备不同的人（助理人员、治疗师、秘书、午餐阿姨、校长等），每个人都会接触到学生，与他们产生沟通。当教师开发的一套教师工具起作用时，重要的是让学生生活中的重要他人同样使用这些成功的工具来促进与学生的互动。整天在同一空间与教师密切合作的助理人员使用教师制作的工具时，往往都能成功。如果助理人员与教师经常不在同一空间工作，如在教室不同的位置或不同房间，他们可能需要自己专属的工具，也可以复制教师的工具。当来自不同班级的学生在午餐室用餐时，午餐阿姨需要根据她的工作内容和场所形成特定的沟通风格。从一个班级到另一个班级、从一个学生到另一个学生，不同系统间的协调很重要，这样才能发现一些普遍性和连续性。

小提醒：教师工具对能力分布不一的所有学生都有价值。能力水平较高的学生因使用视觉工具可以更好地集中注意力和组织思维。重度沟通障碍学生在视觉工具的辅助下反应优于只提供口语的互动。不论学生是口语或非口语使用者，也不管他用什么形式表达信息，教师工具都可以用来促进他和他人之间的沟通互动，但是其主要目的还是将信息传达给学生。

还有谁会用这些工具？

融合教育需要一些创造性策略，帮助有特殊需要的学生在大环境中可以独立完成任务。与其给予有特殊需要的学生特别对待，倒不如为全班建立视觉支持，改善教室的教学环境。

范例

问题：一天之中，教师需要在不同环境中与学生交谈和指导学生。不可避免地，她需要的视觉工具在另一房间，或遗失在书桌上一大堆文件下。

解决方法1：将视觉工具复制成多份，放到会用到的地方。如果在浴室里和下公交车时都会用到某一沟通页，那么复制两份，一份长期放在浴室里，另一份则在坐公交车时携带。

解决方法2：设计一本"教师手册"。这是一本把教师所需的沟通页和工具全放在一起的笔记本。教师手册可以是任何尺寸或形状，不过，尺寸较大的三孔活页夹笔记本最好用，因为这么大的尺寸往往不容易弄丢。当把所有工具都放在一个活页夹里时，教师便可轻易地将它们携带到教室的不同位置，或校舍内外的不同场所。目标是让教师的这件沟通设备随时可得。

教师手册可以包含每日时间表、规则页、指令页、用于特定事件或活动的沟通页，或教师经常用到的评语、问题或更正符号。

问题：学生住在有巡回专业人员督导、居家类型的团体环境中。因为所有专业人员不会同时出现，他们也很少有机会协调方案，因此在与住宿生相处的方式和给予的指导上，存在很大的差异。

解决方法：开发一套专业人员的沟通工具。确保将使用说明放在每个工具最明显的位置，以保证操作上的一致性。这对于新入职人员或代课者特别有帮助。

重点：教师沟通工具用来增强与学生的沟通，它们也成了教师表达模式和学生接收模式的一部分。教师沟通工具可以让教师与学生的沟通：

> 当教育工作者改编从其他来源收集到的想法时，他们会很有创意，往往会产生有趣且富有创意的结果，但缺点是改编的过程会限制不同人群的可能性。

- 更有成效。
- 更有效率。
- 更一致。
- 更可靠。
- 更愉悦。

▶ 如何制作视觉工具？

> **警告**：如果你做对了，视觉工具的开发可能要花些时间！别着急开始，磨刀不误砍柴工，规划阶段是最重要的。如果进展得太快，最坏的结果就是徒劳无获，好一点的是，不如原先那么有效。一旦设计好视觉工具，你每天将节省许多时间和精力，让原先的努力都能得到相应的回报。

视觉工具的发展是高度个人化和极具创造性的过程。这个过程将是个人风格、组织方式和艺术化表达的集中反映。虽然教师买现成的产品更方便，但大多数视觉工具因针对特定的人或环境而需要某种程度的个别化。针对某个人或场所进行的个别化设计是成功最重要的原因之一。

本章的目的是提供一些有关视觉工具开发的具体细节。"沟通工具规划指南"给你提供的是一些思考架构，本章的其余部分则具体分享"如何进行"的信息。

在整个开发过程中，都应与他人合作。这是教师和其他参与执行学生干预方案的人员发展合作关系的大好时机。与熟悉学生日常表现的人商讨"沟通工具规划指南"上的问题，这个过程既可以用来确认要观察的问题，也可以用于检查所讨论的视觉工具是否清楚和合理。

一旦人们决定将视觉工具作为学生干预方案的一部分，就会冒出许多想法，而且会有逼迫自己尽快使用的冲动。最明智的做法是：别冲得太快，这是一项长期的计划。欣然接受"视觉辅助沟通"的概念，想着要去完成 22 个事项，复印 4000 张图片，这将是你会犯的最大错误。因为最终你将发现这么做根本没用。从某一概念开始，循序渐进，你才能成功。别忘了，千里之行始于足下。

▶ 沟通工具规划指南

学　生：_____　日　期：_____

生日／年龄：_____　评估者：_____

▶ **情境评估**

▶ **环　境**

什么场所？

谁在场？

谁负责？

什么活动在进行？

预期会有什么样的常规：

预期会有什么样的学生参与：

预期会有什么样的学生行为：

实际发生了什么？

学生的实际表现或参与怎么样？

如何处理情境？

目前的指导或干预效果如何？

目前使用的沟通支持是什么？

需要什么样的改变？

环境的改变：

学生的表现：

观察到什么样的沟通需求？

什么样的环境支持是有益的？

什么样的沟通互动需要支持？

什么样的情境或行为需要改善？

▶ 　　　　　　学　生

学生当下如何处理环境？

学生如何应对特殊情况或常规？

现在使用什么样的辅助？

达到想要的目标了吗？

有助于获得最大的自主性吗？

需要完成什么样的改变或目标：

要改变或调整的行为是什么？

要教授什么样的技能？

观察到什么样的沟通需求？

视觉支持如何满足需求或实现目标？

> 什么样的视觉工具可改善学生的表现？

谁使用工具：

☐ 一个人或许多人　　☐ 视觉辨认程度

☐ 年龄　　　　　　　☐ 实物

☐ 沟通的总体水平　　☐ 照片

　　　　　　　　　　☐ 写实画

　　　　　　　　　　☐ 抽象画

　　　　　　　　　　☐ 符号或标识、标签、包装

　　　　　　　　　　☐ 书面文字

▶ 规划视觉工具

工具归谁所有？

☐ 教师　　　　　　　☐ 教师和学生

☐ 学生　　　　　　　☐ 全班

视觉工具用在何处？

☐ 特定的场所　　　　☐ 场所转换期间

☐ 几个场所

工具在何时使用？

☐ 全天，只要需求出现

☐ 特殊环境或活动

　　☐ 学校

　　☐ 家庭

　　☐ 社区

如何使用？	
☐发出指令	☐处理特定问题
☐提供信息	☐辅助人际间沟通
☐提出问题	☐辅助环境间沟通
☐鼓励独立完成	☐教授新技能或任务
☐应对特定需求	

使用什么形式的符号？
- ☐书面文字
- ☐图片
  - ☐线条画　　☐黑白　　☐尺寸_____
  - ☐工笔画　　☐彩色
- ☐照片
  - ☐尺寸_____
- ☐实际的标签&包装、符号/标识　　☐实物
- ☐从杂志上剪下的图片、优惠券等　　☐综合

工具的外形？
- ☐尺寸　　　　☐颜色
- ☐形状

是什么形式？
- ☐卡片　　　　☐图表
- ☐纸张　　　　☐书籍

如何使用？
- ☐谁用它来理解？
- ☐谁用它来辅助表达？

当使用工具时，要说什么?

☐ 精确的"脚本语言"或词汇是什么？

☐ 如何标记工具，以便让每位使用者都知道说什么？

如何操作?

☐ 带学生去拿工具　　　☐ 翻页

☐ 把工具拿给学生　　　☐ 把其中一部分放在特定场所

☐ 指向　　　　　　　　☐ 把某些部分划掉

☐ 传给某人　　　　　　☐ 盖住某些部分

可以移动吗?

☐ 放在一个固定场所

☐ 移至不同场所

由谁移动?

☐ 教师　　　　　　　　☐ 学生

工具会被放在何处?

☐ 墙上　　　　　　　　☐ 口袋里

☐ 门上　　　　　　　　☐ 沟通册、沟通场所或活页夹里

☐ 布告栏或柜子里　　　☐ 特定的教室或场所内，如浴

☐ 桌子上　　　　　　　　室、厨房

☐ 盒子里　　　　　　　☐ 其他＿＿＿＿＿＿＿＿

需要一些固定装置来悬挂工具吗？
☐ 磁铁　　　　　☐ 金属环
☐ 双面胶　　　　☐ 图钉
☐ 钩子　　　　　☐ 绳子或粗线

使用的频率如何？
☐ 一次　　　　　☐ 定期安排的活动
☐ 特殊事件　　　☐ 随时

你需要花多少时间组装？
☐ 可以应对突发情况　　☐ 很快
☐ 今天需要时　　　　　☐ 需要充分的规划

实　施

何时及如何向学生介绍工具？

预期学生会出现什么样的反应？

需要什么样的示范或辅助？

学生什么样的表现会被认为是可接受或成功的？

▶ 选择有效的沟通符号

你的沟通工具范例包含各种符号。哪一种最好用？

这个答案不唯一，关键是选择学生容易理解的。有时人们会为自己制定有关如何做的生硬规则。让我们摆脱这些不必要的限制吧！

误区1：所有的符号都应采用相同的格式。

有些人认为，如果你选择黑白的线条画，那么一切都需要采用这种格式。如果你选择照片，就应该全部使用。这是不正确的。事实上，采用的符号应让工具变得有趣且更容易被理解。

误区2：必须逐渐使用抽象的符号。

这也是不正确的。制作的工具若不能被学生理解，就毫无意义。因为这不是在教授抽象技能。

我的学生对不同的形式反应不一致。我不肯定什么是最好的选择。

要想弄明白学生是如何理解视觉形式的，真是一大挑战。别忘了，我们借助语言解释抽象图形。当我们看线条画时，我们利用语言来评估形状，以决定呈现的是什么概念或动作。语言受损的学生可能无法使用这种策略来分析他们所见的事物。同样一张图片，有些学生在看时把它的意思仅归于一个抽象的形状。如果他们的行事风格如此，可以想象，许多简笔人物画在他们看来其实都是一样的。问一问自己，这些简笔人物画在你的学生眼中像什么。

视觉符号的复杂性是连续的。一般认为，实物和照片较为具体。符号、标识、图画及书面文字表示更高层次的抽象概念。在没有让学生接触其他视觉材料以观察其反应的情况下，就认定某一形式是容易理解的，这是相当冒险的做法。

设计沟通工具时，使用风格不同的图片会更有效。多样性可以使符号易于浏览和辨认。因此，不需要统一格式。

你如何解释图片？你使用语言策略来分析结构以及从结构中获取意义吗？若没有语言，你如何解释图片？

为一群学生准备工具时，使用他们都理解的符号。图文结合的方式其实最易于辨认。

那就是你提到要使用各种视觉形式的原因吗？

是的。因为我们不知道学生会对视觉符号的哪个部分做出回应，因此，可以使用不一样的符号，让学生更容易辨认。别忘了尺寸、形状和颜色这三个要素，谨慎使用以产生视觉的多样化。从照片和标签的结合到线条图和书面文字的结合，使用多种媒介产生的结果与仅仅使用一种媒介产生的结果截然不同。

有些视觉形式不是比其他形式更易于使用吗？

相较于照片的拍摄过程，写下信息或从书中复印图片确实较为容易。只要能符合学生的需求，使用较容易的形式也不是坏事。一套完善的体系会多少用到这些形式。

小提醒：选择学生能够快速且容易辨认的视觉形式，这样可以发挥视觉工具的直接效果。

重点：在设计和制作视觉工具的过程中，视觉形式的选择很重要。选择学生很难理解的形式不利于目标的实现。选择学生容易理解的形式将促进沟通目标的实现。

▶ 制作成功工具的可行性与不可行性

一旦你使用"沟通工具规划指南"来锁定视觉工具辅助的范围，你就可以发挥艺术的创造力，别被"艺术"这两个字给吓到了。有效的视觉工具不需要精美绝伦。实际上，简单往往更好。以下的建议可供参考：

可行：为某一目标制作工具

教育工作者花很多时间制作出的有趣、好玩的工具，可能并不能有效提升沟通。界定要解决的问题、情境或满足的需求很重要，这样设计出的工具才符合要求。

视觉工具不同于具有装饰性的布告栏。专为辅助沟通

> 你可能想不到环境中哪些视觉符号是能被每个学生认出的，或是所有人都无法认出的。

> 让学生参与到挑选视觉符号的活动中。照片、图画和包装标签，可以用商店的免费宣传单、赠品或其他收集到的物品来替代。这些视觉物品都会引发沟通，从而达到最终目标。

> 当学生在阅读理解上有困难时，他往往也无法理解图片的意义。他不会因为你以图片代替了书面文字，就像获得魔法一般，突然明白。市面上也出现了许多图片或图像系统，其抽象程度从低到高不等，有照片、有三维画、有简笔人物画，也有表现文字和概念的抽象符号。虽然现成的符号教师随手可得，但选择对学生而言太过抽象的符号系统，会违背使用视觉系统的主要目的。我们给予的视觉呈现越抽象，我们越难把握学生理解、解释、做出有意义的事以及采取行动的能力。

设计的教室,往往没有或较少保留装饰性的布告栏,因为需要将空间尽量留给可以促进教室沟通的工具。

可行:在制作工具前,仔细想想你会如何使用

给谁使用?用在何处?何时会参考?放在何处?如何使用?使用者会说和做些什么?"沟通工具规划指南"将通过一系列的问题指导你做决定。

可行:考虑使用图文结合的形式

因为针对的是学生,所以我们很容易认为应向他们呈现符合其等级水平的文字材料。想一想,为了让人们可以立即辨认,广告是如何利用图片、标识和简单的文字材料的?视觉工具也应如此设计,尽可能容易辨认和理解。这不是深入阅读的教学时间,如果学生总是将时间花在阅读或解释工具上,别的目标就很难实现。当以图文结合的形式呈现时,读者表现得更自信。记住,立即辨认是沟通工具的目标。

许多"无法阅读者"实际上能够完成一些阅读。从辨认最喜爱的快餐餐厅标识,到选择谷类食品和饮料,从这些以印刷品或书面材料呈现的形式中他们确实获得了意义。观察发现,没有接受传统阅读教学的学生,因为接触了作为视觉工具一部分的书面文字,而习得了一些实用的阅读技巧。他们对文字的理解非常好,因为这些文字是在高度讲究来龙去脉的情境中学到的。

可行:制作简单、清晰的视觉工具

目标是设计不复杂又能达到目标的工具。

图片：
- 确保不论谁使用，都能容易辨认。
- 用一张图片表示一个概念，以有效传达信息。（大多数视觉工具是为了有效地提升沟通，而不是教导更加具体的语言结构。）

文字：

- 如果图片已经被贴上标签，那么在使用图片时，所说的话应与图片上的文字一致。
- 准确写下说话者说的话。
- 不必是整个句子。
- 有时单字就够了。
- 确保提供了足够的信息。
- 确保有足够的书面文字，以便每位使用这个工具的人都能准确理解它的脚本语言和目的。

外观：
- 考虑使用一些颜色来加强辨认。
- 避免把图片弄得过度花哨和可爱。

可行：当决定视觉工具的大小时，应发挥创造性，多多观察

观察学生对可用的工具的反应。大小的选择取决于：
- 场所。
- 如何使用工具。
- 学生的年龄。
- 学生的技能水平。
- 学生做出的最佳回应是什么。
- 小型工具便于携带。
- 相较于小卡片和小纸张，放在三孔活页夹里的工具较不易遗失。

> 当为艺术活动制作工具时，教师的第一反应就是制作大型的海报板，并设计能挂在墙上的工具。一旦准备就绪，就会发现，因为工作台在教室的中间，学生参考墙上的图表不甚方便。海报板尺寸太大，以至于无法放在桌上。重新考虑后，教师把工具改成能放在桌上的小卡片。

- 对有些学生而言，大图片比小图片容易辨认。
- 若在社区中使用，工具宜大到让他人容易理解，却又要小到不致造成不便以及引起不当注意。

可行：如果你不确定哪些细节有用，制作"草稿"试一试

最让人感到失望的情况之一，是花很多时间整理行不通的方案。这会使人热情不再，令人泄气。有时很难去预测学生如何处理或理解所呈现的新事物。图片、照片或书面文字是最有用的方式吗？学生最容易理解什么符号？工具要多大？通过"草稿"策略找到针对你的情况最管用的方式。在这之后，要做的才是将工具制作成更永久的形式，或制作得更美丽。

可行：一次处理一个方案

复印一百万张图片，然后为书桌上堆积如山的未完成"材料"所累，这样做最容易让人感到泄气。只有理解了视觉工具的概念，才能较为轻松地找出普通教室中一些有价值的方案。先制订计划，然后，一次处理一个方案。

可行：依优先级处理

确认何种工具可以满足当前最迫切的需求，从那个工具开始。通常都是从用于班级管理的每日时间表开始。接下来要开发的许多其他班级管理工具或多或少都可与这个时间表相关。另一个着手点是开发用于处理特定问题行为的工具。如果能同时搭配一些班级管理策略或信息提供策略，问题行为将会得到更有效的解决。

可行：不用对所有的视觉工具都一视同仁

你设计一样工具需要花多长时间？使用频率如何？有

些方法需要较长时间的计划和更精心的准备。也有的因立即需要须在一分钟内完成。在处理一些紧急情况时，工具要简单、有效。即使学生的能力水平已达到可处理更复杂的事物，一张拍立得照片也够他用一天。非阅读者在紧急时候，或许只需要简笔人物画和几个字就可以应对了。

可行：让学生参与到工具的开发过程中

学生可以从参与或见证沟通工具的开发过程中获益，至于是哪种方式，取决于学生的理解能力。与其向学生呈现全套已完成的工具，倒不如在他的注意或帮助下进行组装。

- 当你拍照并将其固定在页面上时，让他们看到。
- 让他们看见你把包装盒上的图片剪下来（或帮忙剪），放在菜单公布栏上。
- 从书中寻找要使用的照片时，让他们帮你选。
- 问他们只要书面文字还是图文并茂。
- 问他们图片表达的是什么。
- 问他们还想在视觉工具上放什么有助于记忆的东西。
- 让他们帮助决定工具放何处，以便容易取得。

当学生参与视觉工具的设计和制作时，他们可以更好地理解工具的用途并获得不一样的归属感。

可行：一步一步建立沟通工具

不必使用前，将"整套工具"准备好。一次给学生呈现太多，他会受不了，不如一次给一小部分有效。例如，当列出教室规则时，你可以先介绍一项。然后在一天或一周内，在清单上增加第二项规则，以此类推。当制作用于要求获得点心或休闲活动的选择板时，你可以从一两个选择开始，其他的一次增加一个。在你向选择板上添加选项时，让学生看到。有些人在制作每日时间表时，开始只规划部分时段，然后逐渐增加其他的，直到加到合理的节数，以发挥最佳的功能水平。

制作视觉工具时，避免"完美"倾向，最好的视觉工具都会定期更新。有些工具需要持续增加尺寸，以适应学生的成长与需求。当学生能更独立完成任务时，可以逐渐减小工具的尺寸。教室工具也需要随着环境的变化而改变。最没效果的工具莫过于那些从来不曾重新评估或改变的工具。

不可行：无法立即生效的事情容易让你感到气馁

当引入视觉工具时，学生可以立即理解，表现也会随之改善，这当然令人高兴。但有时在学生身上和情境中无法立即看到成效，这时切勿急着否决该工具。

- 评估使用的工具的形式。学生容易理解使用的符号吗？
- 别忘了教学也是必要的过程。这些学生需要更系统的教学以获得技能。

重点

- 开发视觉工具的方式不是唯一的。
- 要富有创意，你努力制作的工具才能有效满足学生的个别需求。
- 视觉工具可以有许多尺寸和形式。
- 视觉工具不需要局限于标准或传统的格式。
- 工具的制作需要花些时间。
- 设计和制作视觉工具所付出的努力，很多时候会以学生行为的改善得到回报。

肖恩对教室中引入的视觉工具没有什么反应，教师感到很泄气。直到有一天，肖恩的妈妈说了这样一件事。前一天晚上，当他们开车去办事时，肖恩注意到"不能左转"的符号，表示"不能外出"。其实，教师一直使用"不"的标识，并将它贴在教室门上，来告诉肖恩不能跑出教室。因为这件事，肖恩的教师相信"视觉材料"开始对他起作用了。

第九章[1]
基本配备

▶ 材料与用品

制作视觉工具需要的一些用品和材料,通常很少在教师桌上见到;但大多数很容易在办公用品店或摄影用品店找到,且花费最小。

照相机

一台好的照相机是最昂贵、最必要的教师用品之一。许多教师和治疗师认为由学校购买这类用品是不可能的,说服学校购买得多难呀!若教师坚定地认为照相机和胶卷是必备教材,就像纸张或胶水一样,这样的态度可以让学校负责预算的人知道照相机不只是玩具或不必要的装饰而已,从而有助于说服学校将这笔费用列入预算中。照相机和胶卷的购买实际上可取代其他材料的采购,而

---

[1]编注:因用于拍摄的设备在不断更新,读者在阅读本章部分内容("照相机""广受喜爱的新选择")时,可根据实际需要选择。

最终可取代更昂贵的高科技扩大性工具。

备注：照相机是一次性支出，而胶卷则是持续的消耗。有些教育者为筹措这部分的资金，想了些点子。申请补助金，向商店或摄影用品店、家长教师联谊会和其他组织等募款，以及说服预算负责人找到替代方案，这些都是实现目标的方法。

选择（1）：35mm 的照相机——给真正的"摄影迷"

一台标准的 35mm、带可更换镜头的照相机将为使用者提供最大的便利和发挥创造力的空间。市面上有很多好的牌子。标准的 50mm 镜头用于拍摄较大景物，特写（微距）镜头针对小物品的拍摄。有些照相机的操作是傻瓜式的，新手摄影师不用费心去设定所有按钮，那是有经验的摄影师喜欢把玩的。这些照相机最昂贵，通常有一点大且功能极多，可能得花一点心思练习，才会对某一台相机操控自如，但会产生最好的结果。

选择（2）：35mm 的照相机——给新手摄影师

作为一般的摄影者，目前有许多比 35mm 型还小的照相机可选，这些照相机都是自动化的。这些相机可自动加载胶卷，自动调整，甚至必要时可自行清刷齿轮。其售价不高又容易使用，缺点是多数无法换镜头。因此，当你需要特写照片时，可能不能调整。

为了拍摄特殊照片，寻找内置特写镜头、微距或远距照相特性的相机。你可能需要近距离拍摄小物品，如汤匙。有关照相机的焦距范围，可以询问销售员或查阅照相机使用手册。每台照相机都有焦距范围。有的照相机的焦距可达 50cm，有的照相机只有 10cm，再远就会失焦。当你通过照相机看小物品时，要记得焦距。你会渐渐意识到物品需要占多少画面。最有效的照片是物品至

> **小提醒**：考虑到要拍摄的物品，必须选择具有特写功能的照相机。如果你要花很多时间去拍摄汤匙和花生酱罐及其他小东西，当你采购照相机时，要明确地告诉销售员，你要一台能清楚拍摄小东西的照相机。如果你花了钱，要确保产生的结果能够满足你的需求。不要为了省小钱，而"因小失大"。

少占画面的一半。

具备特写功能的照相机价格可能会比较高，但是当你开始拍摄时，这功能将物超所值。相较于傻瓜相机和圆盘式照相机，35mm 的照相机拍出来的照片效果更佳。照片会比较大且更清晰，拍出较佳效果的特写的可能性更大。

选择（3）：拍立得照相机

即拍即出的便利性，往往胜过其他照相机所能提供的好处。有了拍立得，你可以拍摄且马上使用。当需要使用照片提升当前的沟通时，这是非常重要的功能。

拍立得也具备特写功能，但要仔细地找出来。不幸的是，那些能拍摄较佳特写镜头的照相机，价位都较高，不过容易拍出你需要的照片，而且能立即使用，这一点是无价的。

广受喜爱的新选择

现今特别受人喜爱的照相机正迅速转换成数码相机。长远看来，这些照相机容易使用，成本又低。

你需要具备：

1. 一台能够支持数码相机的计算机（麦金塔和 IBM 的格式皆能执行）。
2. 一台打印机：一台好的彩色喷墨打印机就能印出很好的照片。
3. 绘图程序不一定需要，但对于支持你的创造性发挥非常有帮助。

如何运作：用数码相机拍照和普通相机一样，只是数码相机不需要胶卷。数码相机拍下来的照片存在相机里，有的通过数据线连到计算机上，按一些简单像按钮的装置，照片就会从相机传输到计算机上。有些较新型的照相

就像其他照相机，数码相机也分不同种类。最好逛一逛，让销售人员具体介绍你看上的那几款相机。当看这些相机时，一定要找出广角和特写镜头功能，以确保相机可以拍出你需要的照片类型。告诉销售人员你要拍摄小东西（像一把汤匙或一颗糖果），或在较大的照片中框出一部分，并放大成 10 寸（203mm×254mm）的大小。虽然大多数或全部数码相机能实现这些功能，但具备较大变焦镜头的相机在这方面的效果更好。否则，最后你会拍出非常模糊不清的大照片。就像买车、衣服和其他东西一样，如果不符合需要，就没什么议价的必要。

虽然数码相机刚开始的成本比其他照相机贵，但可以节省长期成本，因为之后不需要花钱买胶卷或洗照片。可以考虑将一台数码相机放在你的"预购清单"中，再视情况而定。

机不需要数据线，而是在相机内装有可取出的存储卡。一旦存储卡插入计算机里，你的照片就可以像其他数据一样加载到硬盘上。

一旦数码照片存储在计算机的硬盘上，你可以执行很多功能，如缩小、放大，像操作其他艺术作品一样。你也可以在绘图程序中打开这些照片，跟其他艺术作品一起再印出来以制作视觉工具。存储在硬盘上的这些文件可实现重复使用。

注意：这种计算机设备发展快速，在你还没来得及使用这些设备时，可能就已经过时了。

照片来源

言语语言病理学家

这便是最好的开始。他们往往让你从大量文件、项目和书籍中寻找。这种方式的最大问题在于，这些资源中有很多无法满足你在制作视觉工具上的特定需求。许多为教授特殊发音或语言技巧而设计的图片程序，可能无法提供你需要的素材。

许多公司开发了适合创作视觉工具的图画书和图卡套装，大多数言语语言病理学家的柜子也会装满这些东西。借助一台好的复印机，你可以对这些资源进行创造性发挥。看起来非常写实的简单图画可能就是最有效的。

最近有几家公司已经研发了电子图解字典和培训图片。在快速组合沟通工具上，计算机提供了很多的可能性。

其他来源

· 杂志和报纸广告。

· 商店优惠券。

· 包装纸。

以灵活的方式影印照片。如果照片不是太黑，就可以制作成令人接受的图片。你可能需要把影印机调成"淡"的设定。

・流行的包装盒的图片。

广告图片就是一个不错的资源库，因为这些图片生动逼真，可让大多数学生快速辨认。如果你使用的影印机，可以缩小、放大图片或彩色影印，这些照片就有更多的可能性。

绘画

如果你不认为自己是个艺术家，也不要退缩。即使不是艺术家，也可以画出用于制作视觉工具的简单图片。简单的形状也可以传达想要表达的大多数要点。只有尝试了，你才知道你能否做得到。

用于制作视觉工具的辅料

塑料内页护套

办公用品店和照相馆备有幻灯片、照片和文件的塑料内页护套，市面上有重量级和轻量级的塑料制品，且通常在边缘打洞，以放入三孔活页夹里。使用何种重量的塑料，依学生的情况来定。有些学生明显需要重量级的塑料袋！

每一塑料内页都有不同数量的插槽。幻灯片的内页护套每一页有二十个插槽（很适合容纳 35mm×49mm 的照片）。照片的内页护套则每一页有四到六个插槽，而全张的照片内页护套可以放入一整张 203mm×254mm 的文件（比保护壳更方便，因为便于添加或更换）。每一种尺寸和样式满足不同的需要，取决于你制作的工具类型。

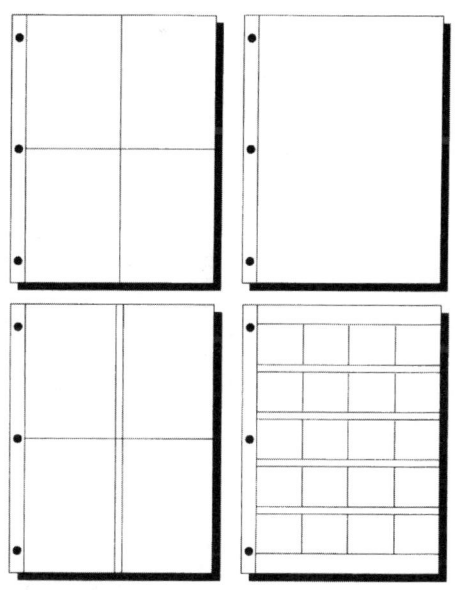

保护壳

保护好视觉工具有助于保存得更久。柔软的保护壳提供好的保护。硬的保护壳使工具非常坚固，对于需要工具更耐磨的学生特别好。

相册

小型、一页放一张图片的口袋相册，包含十至二十页。这样的相册便于收纳许多个人的工具、"烹调"手册及任务分析单。

活页夹

市面上有各种尺寸的活页夹。常用的203mm×254mm三孔活页夹方便携带很多沟通工具。相较于这个尺寸，有些人喜欢更小点的，但是人们发现，这个尺寸所造成的不便，很快就被总能找到这本书的方便性取代。东西越大，越不容易遗失。（有些人甚至需要有霓虹效果的活页夹呢！）

主题索引纸

以活页夹的形式，根据不同目的或使用场所，对这些活页进行分类。这样的分类使三孔活页夹得到了更有效的使用。使用者可以更容易找到需要的那一页。

自粘便条纸

便于遮住不需要的图片或项目。

金属环

常常用来将整组的图片或卡片挂在一起。

挂钩

磁铁式或粘贴型挂钩方便附着在墙上、橱柜的门上等，帮助保持工具在使用的场所（可在卫生间、厨房或商场内办公部门找到）。

粘扣带

最不可思议的发明！它可以帮你把工具粘在想要粘的地方。不论是将工具移到新的地方或放得更靠近某个人，粘扣带让这个过程变得更加自如，从而让沟通更有效。

磁铁或磁性贴条

当在视觉工具背面放上磁铁或磁性贴条时，这个工具就能很容易附在金属上，如文件柜或储存柜等。

有大口袋的围裙

对于一向喜欢随身携带常用工具的教师而言，这是一件很好的工具。

有小抽屉的储物箱

可在五金店找到。这种箱子非常适合储存图片，特别是书中建议使用的日程规划方法中的图片。

不同尺寸的文件盒和储存盒

方便储存是视觉工具不可或缺的要素。根据工具的尺寸、形状及放置位置，选择适合的储存盒。

迷你手电筒

用于吸引注意力。照亮想要学生注意的地方，帮助他在沟通时专注于使用的特定视觉线索。

▶ 照相101招

在视觉沟通中，照片是最容易辨认和表达最清楚的符号。不幸的是，在使用照片上，很多人不太成功，因为照片的质量不足以促进学生的有效理解。为了制作视觉工具而拍摄，有点不同于随便按快门。给非摄影师一些指引，将有助于拍出优质的照片，以确保实现高效的沟通。

确认关键要素

你正在拍什么样的照片？问问自己，哪些部分是学生关注并最容易理解及解释的。

拍摄物品相当容易。只要拉近拍摄，效果都很不错。试着孤立出你要拍摄的实物，让它成为照片中主要或唯一的东西。

拍摄动作和场所较为困难。例如，如果你想要拍一张指示学生去体育馆的照片，你是拍空荡荡的大房间，还是体育馆的门，还是体育馆里的某些设施，又或是体育教师拿着学生熟悉的体育器材呢？

如果你要一张指导学生将奶油涂在吐司上的照片，你要拍摄整个厨房，包括放置烤箱、盘子、刀子、奶油的柜台和学生在内，还是你会把镜头拉近，只拍一双正拿着小刀把奶油涂在吐司上的手呢？

如果你要拍摄一张去最喜欢的快餐餐厅的照片，你会突出人站在建筑物前面，还是那地方前面的商标，还是拿着订单的收银员？或者你会放弃照片，使用学生熟识的餐厅标识?

与其拍摄环境,不如拍摄最爱东西的照片。哪张照片孩子辨识得更好?是冰激凌商店商标的照片,还是蛋卷冰激凌的照片?如果你使用了冰激凌的照片,但是去该店吃的是三明治,他会感到困惑吗?还是如果到不同店吃冰激凌会使他感到困惑?

备注:有人建议应拍摄学生进行某项活动时的照片。对于某些学生和情境,这个角度的确有必要,例如,需要说明学生进行的动作是坐着或躺着时。但从这个角度拍摄学生使用的物品,就不适合,因为这会让关键要素变得非常小。当学生注视这些照片时,难以专注在关键要素上,因为它在照片中占的比例太小了。另外,经验表明,大多数学生对准确再现其所见的图片反应较好。他看到的不是进行某个动作的自己,而是与活动有关的物品。所以,当拍摄动作与物品时,最有效的照片是强调该物品,以便能够快速且容易辨认。

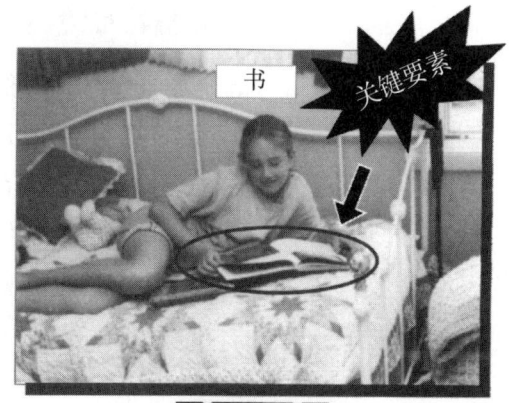

当决定要拍摄什么时,挑选的事物:

· 尽可能具有普遍性。

· 不需要经常更换。

· 尽可能清楚地传达意图。

试着在照片上将关键要素独立出来并突显其存在。如果照片上有太多东西,学生的注意力可能会集中在不必要的地方。

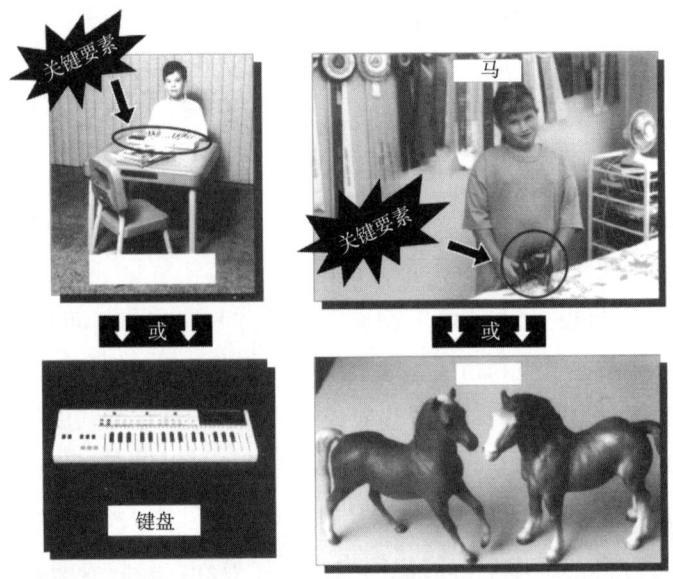

拍摄特写镜头

非摄影师所犯的最大错误之一,是太远拍摄。试着将照片中的必要部分填满至少三分之二的镜头。不然,会失去关键要素,使他人更难以辨认。如果你不能拍摄特写镜头,关键要素可能只占照片的一小部分。当拍摄人物时,通常腰部以上的照片比全身照来得更好。拍摄动作时,瞄准动作或涉及的物品的关键部分。

注意你与主题相距多远才能让镜头聚焦。有些照相机,即使你只距离主题几十厘米,仍可以聚焦。其他照相机,如果没有相距一米以上,无法聚焦。确切理解你相机的限制,才不致浪费很多胶卷。

淡化背景

看看你主题的后面是什么。如果你拍摄人物,试着让他们后面是素面的墙壁或处于整齐的空间中。拍摄物品时,努力减少周遭会分散注意力的事物。要让一张物品的照片在视觉上突显，试着把物品放在一块广告板上，以提供颜色对比鲜明的背景。记住你在照相机取景器里所见的，会帮助你预见成片效果。

注意照明

除非你使用的是特级照相机，否则大多数室内照片的拍摄都需要闪光灯。很多较新型的相机都内设自动闪光灯。如果你是"闪光灯健忘者"，建议使用这种类型的相机。

不要把主题摆在你会将相机直接朝向窗户的位置。透过窗户进来的光会影响照相机的光线测量系统，让主题变得太暗而看不清楚。只要稍微地转动或移动你自己，让相机不直接朝向窗户就可以了。

当拍摄户外时，避免直接对着太阳拍摄或让阳光直接照在人的脸上（否则你会拍摄到美丽的眯眼）。与普遍看法恰好相反，你不必站在太阳下，适度的遮阳可以产生漂亮的照片。

确定照相机装有胶卷

（猜猜为什么包含这项！）令人惊讶的是，这是常有的问题。许多照相机都会有小窗口告诉你是否装有胶卷。找出来。大多数照相机有一计数器，记录你已经拍了多少张照片，或还剩多少。不幸的是，有的照相机即使没有胶卷了，它的计数器还是会运转。如果不是同一人在使用照相机的话，这种情况尤为常见。做好沟通吧！

拿稳照相机后再拍摄

事实上，有很多照片是因为拍摄者的晃动而损毁。有时，人们还未静止下来，就举起照相机快速拍摄。小提示：把手肘靠近身体，有助于拍得更稳。

尽可能拍摄非个别化的照片

能为每个学生提供个别化的沟通系统是很棒的。不过，过度个别化会给教师带来许多不必要的工作。例如，为了制作午餐的餐前准备工作的迷你时间表，有必要给班上每个学生都拍一套摆桌子准备吃饭的照片吗？如果你拍摄一张某人的手在摆桌子的非个别化照片，学生会理解吗？非个别化或不是个人的照片可以给班上所有学生使用。如果适合的话，比起给每个学生拍摄一套完整的照片，这可以节省大量的时间和成本。有些学生需要非常个别化的东西，但对其他学生来说，没有差别。

整理底片

想个简便的方法来保存底片。当你想要再次冲印拍好的照片时，找不到底片，这会让人备受挫折。加洗比重拍便宜，所以，整理得井然有序具有节省金钱和时间的双重好处。

▶ 制作视觉工具的实用技巧

已经制作过视觉工具并在班上使用的人们，提出很多让教学更有效的建议。例如：

图片

不要忘记颜色是增强视觉工具效果的一种方法。

- 试着将黑白画作的背景上色，而不是前景。背景色可增加能见度。黄色具有最好的能见度。
- 不要将同一页上的全部图片上色。
- 通过裁剪照片的方式去除无关的背景。
- 为了快速辨识或分类，试着用颜色对图片进行编码。

可以制作多媒体系统，用于沟通。书面文字、照片、报纸上的图片、包装上的标签和线条画，都可以是这套沟通系统的一部分。

满是抽象黑白线条画的页面让人很难阅读。通过颜色或符号加以区分，既能吸引注意力，也有助于阅读。

可以使用线条或格子来安排页面，这样阅读起来更容易。

沟通簿

在较大的沟通簿中，以颜色编页，可以更容易找到你要寻找的那一页（例如，时间表页是蓝色的，休闲表页是粉红色的，工作坊页是绿色的等）。

在有很多内页的大书中，使用隔页纸来分隔章节。

测量

二寸的照片可能放不进二寸的抽屉或相框里，除非先被裁剪。

剪贴

将视觉工具上的条目贴在有一定重量的索引卡、标签卡或硬卡纸上，这样学生拿着方便，也便于插入放置。

第十章
将视觉策略融入沟通和教育中

沟通是教育的基石。沟通技能的发展决定了社交互动的情况，它的习得与发展先于学业技能，将影响学生的自我管理和行为。沟通能力不能假设，需要对学生在教育环境中的参与和进步情况进行评估而得知。在了解了学生的沟通需求之后，再教给他们新的技能。最能发挥作用的班级往往都会不断提供沟通所需的支持。利用视觉策略来辅助沟通是一种努力就能有丰硕成果的技巧。

▶ 沟通的教学策略

谈到视觉工具的使用，我们容易将重点放在扩大性工具的发展上，而忽略最方便又最有效的工具——我们的身体。对用以辅助沟通的非口语线索的解读和使用，是促成有效交流不可或缺的因素。

手势和肢体语言

> 无意义的手势无助于沟通。有位教师在向学生发出指令时全程挥手,这个动作是他随便乱挥的,不传达任何特别的意义,这就容易让学生混淆,无法集中注意力于真正的沟通意图上。

手势和肢体语言是吸引注意力以及让沟通信息更清楚的有力工具。促进沟通互动的非语言技能包括解释和使用:

- 身体方位。
- 距离的远近。
- 视线接触、视线凝视、视线转移。
  - □ 人对人。
  - □ 确认被提及的对象。
  - □ 专注于所指之物。
- 面部表情。
- 手部或肢体动作。
  - □ 指向。
  - □ 够、碰触。
  - □ 推、拉。
  - □ 通过手势表明环境中某物品。

牛和苍蝇正在进行非语言沟通。

约瑟夫·安德森,13岁

与学生沟通时,要生动、形象。但这并不表示可以任意使用会引起干扰或困惑的动作,也不表示可以过度使用语言。它的意思是要利用肢体引起学生的注意并以夸张的示意动作来传达意思。有效的示意动作包括:

- 以非常明显的摇头来表示"不要"。
- 站在学生面前来引起他的注意。
- 把物品拿进学生的视线范围内。
- 用夸张的方式把东西放下,来示范把某样东西放在某个地方。
- 问"哪里"的时候把手举起来。
- 以夸张的肩膀动作和摇头来表示"我不知道"。

- 指出想要学生注意的物品。
- 把东西推走。
- 轻拍某人肩膀引起注意。
- 拉某人的手,将他领到某一场所。
- 用手势告诉某人"来这里"。

这些常见的示意动作可以有效地传达信息。

但用更高深的沟通策略不是更好吗?

非也。许多孤独症学生和其他中重度沟通困难的人,不理解示意动作或者使用得并不得当。对于无法潜移默化习得的技能,他们需要专门训练才能有所收获。要教他们如何解读你的肢体语言。接下来,教他们如何使用自然的示意动作来辅助表达自己的沟通意图。

非口语沟通困难明显影响学生的沟通成效。但是,回应和使用示意动作系统,可以让沟通更具体。干预计划教给学生的象征性技能若是高于学生可以自在理解的水平,可能会降低他们参与的自发性。教授有效的非口语技能可以增加自发性。

哎呀!我的学生已经很会说了,用手势不是倒退了吗?

别忘了,我们讨论的仍是接收性和表达性沟通技能。训练学生学会理解非口语沟通,与促进理解和提升沟通的整体效果有着重大关联。提高学生使用非口语沟通的能力不是倒退,而是让他更有能力。

> 即使会说话的学生也可能需要示意动作训练。

你对如何教授那些非口语沟通技能有什么建议吗?

记住,最好的教学策略,很多是非口语的,或者只有有限的口语输入。以下是一些建议。

> 等待是沟通中的重要因素。传达信息后，重要的是提供给学生足够的时间来接收、加工信息，并做出回应。如果学生不能立即回应，大多数的人会试图介入，迅速重复那个信息。对某些学生而言，五秒、十秒，或更多的回应时间，可能才会让其真正地参与进来；但对教师而言，五或十秒的等待似乎让人无法忍受。

与学生沟通时：

1. 示范示意动作。当你和学生沟通时，离他近些。让你自己进入他的视野中，并让你的示意动作非常清楚、明显。
2. 夸大示意动作及对应的口语表达。慢一点，久一点。（别忘了那些学生难以专注。）例如，如果你跟学生说"不"，弯下身体到他的高度。一边说"不……"，一边不断摇头。用动作将所说的字眼表现出来，尽可能简单。

辅助学生沟通时：

1. 使用非口语辅助。当使用示意动作时，给予视觉或肢体上的辅助。不要直接告诉他怎么做。别说："约翰尼，摇头。"而是尽力将他需要使用的手势和词汇示范出来，让他模仿。和他一起做。慢一点，让他能够跟上你。如果这不能产生预期的效果，试着使用肢体辅助。一边说"摇头"，一边摸摸他的头。说出来的词汇是他传达意图时会使用的字眼。
2. 注意在"两人"情境下教示意动作。如果你是学生试图沟通的对象，往往很难做到辅助他。尽量利用学生和某人沟通的情境，找另一人来辅助。例如，如果学生需要告诉教师"进来"，辅助者（在学生后面）拉学生的手，用肢体辅助学生牵教师的手并将其带到目的地。辅助者不参与互动，唯一的任务就是以非口语的方式引导学生做动作。如果学生想要另一个学生的玩具，辅助者站在他后面，用肢体辅助他伸出手或用手指向来提出要求。当学生站在大人旁边，却不知道如何引起大人的注意时，示范或用肢体辅助学生，通过碰触那人的手臂或轻拍其肩膀来引起对方的注意。

利用现存的环境

过多讨论特别制作的视觉工具，就会忽略对现存环境的利用。别忘了利用周边唾手可得的东西。标识、海报、实物等任何可见、可指向、可碰或拿到的东西，都可制作成视觉工具。教会学生利用这些工具。

有些学生需要学习把注意力放在所指的相关物品上。记住，比起远处的物品，靠近学生的视觉工具更容易被注意到，也更容易被理解。为了确保学生能够注意到提供的沟通支持，你可能需要拿得非常近。

重点

最基本的视觉工具是沟通者的身体和他当时所在环境中的东西。在未找到更合适的辅助方式之前，充分利用现有环境中的东西是有效且明智的做法。自然的示意动作系统的不断完善可以促进其他所有的沟通训练。

▶ 创设以沟通为基础的班级：成功的关键因素

在制订和实施针对中重度沟通障碍学生的教育方案时，需要一个为沟通技能的发展提供有效支持的环境。"以沟通为基础"的班级就是这样一个以培养沟通技能为重点的环境。学生的其他功能性技能或学业能力与沟通技能息息相关。沟通是基础。以下是具体的实施建议。

以沟通为基础的班级的特点

1. **优先将教育重点放在沟通的发展上。**以教授沟通技能为首要任务，设计班级的流程、时间表和其他活动。

2. **根据学生的能力来决定班级沟通的水平**。目标是由学生可执行的程度开始，然后让他一次一"阶梯"地往上爬。如果环境中的沟通对学生而言太复杂，他还未开始就被打败了。

3. **提供沟通的时机**。设计结构化和非结构化活动来提供沟通训练。确保有足够多的非结构化活动，使学生有很多机会进行主动沟通。

4. **抓住那一瞬间**。自发性是基本要素。抓住每次出现的沟通机会。利用那些自发性的情境，教给学生需要学习的技能。

5. **在自然情境中教授沟通技能**。这些学生不能很好地将所学技能从某一情境泛化到另一情境中。脱离情境教授沟通技能，不如在真实、有意义的情境中教得好。

6. **将沟通训练融入正在进行的活动中**。沟通训练不应该只限于星期四早上九点四十五分，应该整合为其他正在进行的活动的一部分。

7. **将视觉工具视作辅助沟通的重要一环**。这些工具用来安排事件、建立常规和应对变化，它们可以提供信息、沟通规则和辅助接收性与表达性的沟通。

8. **将问题行为放在沟通情境中考虑**。问题行为可能是沟通中的不理解或无效导致的。

> 不可能为所有的沟通都呈现视觉符号。尽量在最可能需要辅助的情境中使用，如那些可能产生困难，又经常出现的常规、转换和情境中。

9. **专门教授实用技能**。通过视觉支持的方式教授关键技能，如吸引别人注意、发起和维持社交互动和处理沟通不畅等。

10. **开展强调节奏和韵律的语言活动**。有着夸张节奏和韵律并鼓励全身运动的音乐和阅读活动是非常好的语言活动。

11. **确保教授的学业技能和儿童的经验密切相关**。早期的学习与生活有着非常紧密的功能性连接。早期的学习应为学生获得积极、有意义的生活体验服务。

12. **确认沟通已被整合，而不是分离的**。应认识到学生参与的每项活动都涉及沟通。

▶ 有效实施的可行性

在理想的教育环境中，课程着重教授沟通技能并将其视作其他学习的基础。视觉工具的使用以及视觉辅助沟通方式的使用有利于创设学习环境，让学生发挥最大的沟通潜能。使用视觉工具不是目标，而是教学策略。视觉工具帮助达成沟通或教育目标。接下来的小建议可以让视觉策略的使用达到最大效果。

可行：别忘了，学生需要教，才会用

有些人被告知如何使用后立刻就懂了，有些人则需要密集的训练。在那些使用了工具却没有成效的情境中，我们常常观察到学生事实上并没有被教授如何使用工具，因为人们认为他们原本就知道怎么做。应像教授其他技能一样，按照系统化步骤教学生使用这些工具。

可行：以系统化的方式向学生介绍工具

当给小龄或技能水平较低的学生介绍视觉工具时，方法要简单。

- 展示工具。
- 利用手势或指向动作告诉学生注意哪里。
- 确保学生看到工具。
- 说出当前沟通的脚本。
- 立即辅助或引导学生做出对当前沟通的回应。

> 预先想想：花一些时间想想学生需要理解什么，特别是当学生处于新情境中时。这将对学生能否成功应对情境，或如何成功应对，产生极大影响。

> 口头指令与视觉支持的结合可能是最有效的方式。然而，不断重复使用口语辅助或视觉刺激，实际上反而会增加学生的反应时间。

大龄或技能水平较高的学生可以从有关辅助的对话中获益。视辅助使用的方式和目的给予信息，可以为这些学生创设能理解的背景。

可行：使用工具前先引起学生的注意

和学生说话时，他们常常在教室另一头，或者背对着你，或者正在看其他东西。在那些情境中，难以评估他们有多少注意力真正在你身上。有些人看起来没在注意，实际上却知道正在发生什么事，这也是很常见的，特别是孤独症或有注意力障碍的学生。然而，对大多数学生来说，沟通通常经由下列情况来提升：

- 产生视线接触或改变身体方位。
- 用指向或其他示意动作表明你要学生注意的视觉线索。
- 肢体动作和口语沟通相结合。
- 鼓励学生指出沟通所使用的视觉符号。
- 鼓励有口语的学生重复脚本来维持注意力。

> 有回避注视倾向的学生可能较爱看视觉符号，而不愿与人有视线接触。

可行：使用工具时，确认学生看得见

视觉工具成功的原因之一，在于提供给学生稳定、非短暂的信息。这样，学生来得及看到并能充分加工信息。将工具放在方便的场所，让学生可以参考。为了继续手上的工作，记住当前沟通的信息是什么或重新集中注意，学生可能经常参考这些工具。为了便于学生参考，应：

- 在共同的视线范围内放上较小的工具。
- 移动身体，靠近较大的工具或在其他位置展示的工具。
- 避免快速"拿掉"工具的诱惑，当需要移除时，要立刻移除。

可行：通过指向动作让信息清楚

- 缓慢且谨慎地用手指着。别移动你的手，直到确认学生有足够时间集中在沟通上。
- "不动"地指着，通常比"点动"地指着有效。
- 要知道"点动地指着"因其夸张的方式，反而难以让学生专注。

可行：使用工具时，脚本应一致

当设计视觉支持时，设计和工具一起使用的语言或"脚本"。根据学生的能力水平决定脚本的难易程度。脚本是指当涉及工具上的项目时，用于沟通的语言或其他信息。重复使用同样的脚本，有助于学生更快速地学习常规。

辅助视觉工具使用的脚本应该简明、扼要。一两个词汇或简单的短语通常就够了。对于重度沟通障碍学生，通常简单的语言更适用。

可行：口语仅限于与工具配套的脚本

在让学生按要求行事时，人们倾向于使用很多口语。学生遇到的困难越多，行为越糟，教师就会越多地使用语言，试图让学生顺从。要避免使用大量语言。从与这些学生相处的经验表明，如果老师沟通时的语言仅限于简单的脚本，学生反应更好。如果情境需要更多指示，可以重复相同的简单脚本，以强调沟通中需要关注的焦点。

可行：利用非口语辅助帮助学生做出视觉线索提示的行为

目标是让学生根据视觉线索及选定的口语脚本做出回应。如果他需要帮助才能完成这个目标，通过手势或肢体动作辅助他完成。用更多的语言辅助，只会让沟通更复杂。

虽然通常建议视觉工具搭配脚本，但有些场合，学生在只有视觉线索，没有口语表达时表现较好。这种情况可能发生在学生有行为问题时。仔细观察，你将找到所需的信息。

当我们感觉到需要对学生重复指令时，很自然地会改变措辞、增加所用语言的复杂度或提高音量。视觉工具将提醒我们使用简洁、系统化的语言。

充满期待的等候是沟通互动中的重要环节。当学生没有立即做出回应或轮流做某事时，教师很自然会一再重复表达，直到他们终于做出回应。当使用视觉工具来传递信息时，尽可能用足够多的时间呈现信息，以便学生来得及加工信息，而不是被过多的信息淹没。

可行：鼓励有口语的学生在使用工具时，用脚本做"自我对话"

口语的使用有助于维持注意力、促进理解和澄清任何沟通中的误会。这也是走向独立的一大步。许多学生将自我对话作为自我管理的一种形式。

可行：教学生使用指向动作以清楚地传递信息

一个有效的指向动作是使用视觉工具的学生的优势。好的指向动作可以促进沟通意图的表达并让这个过程更清楚。所有的指向动作提供的辅助是不同的。许多学生倾向于用几根手指头或整只手做出指向动作。用一根手指指向，更具独立性，也更有效。目标就是指向某物，没有额外的动作。在提及事物时，学生习惯不断用手指轻敲或挥手，在人们还未来得及注意时就快速缩回了。鼓励动作者在进行沟通时能够稳稳地指着，这使得沟通的对象更容易注意动作者所指的目标物。学生需要学习注意倾听者是否在看。

可行：当你开始使用工具时，要持续地用

使用得越频繁、越持续，学习成果越快出现。

可行：让学生尽可能地学会操作和照料工具

将收拾工具、放回原位、翻页及收好，视为常规的一部分。让学生为工具负责有助于培养他的独立能力。这也是目标。

可行：确保工具够简单以便容易辨认

评估学生对各类型视觉呈现的反应。黑白画对某些人来说可能太抽象，有些人则愿意接受书面文字。有些学生需要实物，有些人则可以轻易理解照片。当难以抉择时，

> 当学生没有做该做的事时，教师往往会增加口语的使用，这是一种自然的反应。

> 想一想你是如何做出指向动作的。有些人指得太快，学生还没理解，他们的手就移开了。另一种指向的方式是"敲锤式"。用指着的手指多次上下敲打目标，这会造成干扰。最有效的指向是锁定特定位置不动，或动作少到刚好引起学生注意。

> 如果学生使用的指向动作不分开且沟通过程不清晰，尽量精简来让沟通更有效。

倾向选择比较简单的。让学生快速且有效地理解并使用这个方法是主要目标。

可行：记住视觉工具的使用没有任何前提

使用视觉工具的关键在于符合学生能理解的程度。尽量使用能最快且最易于理解的具象符号。从一开始就要有系统地嵌入理解。视觉线索应非常清楚地表明它所提示的选择或行为。

可行：记住，标记并不是有效利用视觉工具的先决条件

事实上，建议不要将标记当作单独任务教给学生。它不具有任何功能。学生必须学习视觉工具的沟通功能。教他们标记照片或物品，强化的是不具有沟通功能的语言，而他们需要学习的是使用标识来达到沟通目的。同样地，用有沟通功能的图片来制作宾果游戏，这会使学生感到困惑。别忘了，他们需要学习的是那些视觉物品的沟通功能。

可行：给学生时间来学习工具的内涵和使用方式

"零错误学习"的环境有助于学生以最快的速度习得沟通技能。学生越能准确地把握沟通工具的功能，就能越快地掌握做出适当回应的能力。例如，当使用时间表或记事本时，一旦确认了项目，教师应为学生提供必要的指导，让他毫无错误地跟着步骤完成。等到学生熟悉常规后，教师可以逐渐撤去辅助。

当介绍视觉工具时，很多学生能够迅速理解。这就造成在他们还未对工具有基本认识前，辅助就被撤走了。但是有些学生的学习曲线较慢，这些学生最终能够学会使用视觉工具，不过他们学习使用这些工具的速度与学会其他技能的速度不相上下。当比较慢的同学掌握技能的速度不

> 视觉工具应促进而非妨碍自发性互动。

> 视觉工具的使用没有任何前提。许多课程在使用图片用于沟通前，要求学生完成一系列的配对、物品辨认和标记等任务。建议应该省略这些步骤，直接在沟通情境中介绍和使用视觉工具。

> 难以对视觉工具的使用做出有效回应的学生往往都是那些被教导以标记图片作为首要语言活动的学生。往往这些学生认为图片的功能就是进行标记，并不理解图片还可以有其他用途。所以，建议不要专注于教授这些学生标记技能，而是在其他功能的情境中，如请求或提供信息，教授物品名称。

> 学生方案中采用的任何一种方法都应该通过评估来决定其成效。当采用视觉策略辅助沟通时，帮助你决定它们是否适合某一特定学生的标准是，观察学生对这些策略的反应。他的表现有改变吗？这些工具的使用改变了你与他们互动的方式吗？他被工具吸引了吗？你有没有观察到他开始使用？这类问题将是评估过程的重要部分。

如快的同学时，不要沮丧。那些比较慢的同学是"零错误学习"这种方法的最大受益者。

可行：当有必要做出改变时，要调整工具

一旦开始使用工具，有时需要改变。最常见的改变与下列情况相关：

- 改变工具以更好地帮助学生达到想要的结果。
- 依学生的需要而改变，因为他正在学习这些技能。

最佳的工具须经过不断的调整。总会出现视觉工具"行不通"或不再有效的情况。未依据需要调整工具一直是问题所在。视觉工具的改变和替换是普遍且必要的过程。

▶ 再问几个问题

我理解使用视觉辅助沟通的价值。但什么是长期目标？该达到什么样的效果？

对中重度沟通障碍学生而言，长期目标是找到兼具效益和效能的沟通方法，从而使其成功参与生活中的活动。视觉工具是专为帮助学生达成目标而提供的支持。

记住，没有必要撤除给学生提供的所有视觉支持。我们的生活中也会用到很多视觉支持。因此，长期目标是教导学生如何获取和使用视觉支持来达成目的。学生要学会认识到自己的需求，然后用各种可用的策略自我辅助。

我的学生和不需要额外辅助的学生一起在普通班，难道他们不需要学习像其他孩子一样不用辅助吗？

在学业上，许多学生通过使用视觉策略，完成学习过程、管理时间和安排生活，所以不用在意班上没有使用这

些策略的其他学生。不管其他学生有没有从视觉支持中获益，我们的学生都需要学习独立使用能促成个人成功的策略。

那能力较低的学生呢？继续使用视觉支持不会让他们看起来更显障碍吗？

实际上，他们不使用任何辅助看起来才更显障碍。使用视觉工具的目标之一是使学生尽可能独立行事。这意味着帮助他们学习如何在没有大人辅助或介入的情况下自行处理日常事务。他们越不需要他人帮忙，看起来就更有能力。

别忘了，视觉工具的外观也会影响人们对它的评价。确保外观的设计应是不引人注目且适龄的风格。

我不是很会安排的人，如何能方便使用这些工具？

位置是关键。视觉工具必须在你需要时易于取得。有些规则适合以大型挂图的形式贴在会用到的位置，如公告栏、门、墙壁或学生书桌上，这些都是能满足这些需求的位置。有些视觉支持应具有可移动性，可以带到需要使用的场所。有一些场合适合让学生自行负责自己的视觉支持，而有些场合则应由教师负责。

没有必要将某人生活涉及的所有规则和信息，全部放在同一张纸上或同一位置处。方便最易取胜。

谈到成功，视觉工具永远有效吗？我不想进行成功概率不大的工作。

视觉工具不是每个人的"神奇疗方"，这些工具是否成功取决于如何被设计和使用。下面是可能出现失败的一些情况。

> 偶尔，会有教师报告学生又出现新的问题。这些教师往往在学校方案中使用大量视觉策略。过去，学生在他们的教室对各种视觉工具的使用做出的回应一直很好。分析目前的问题行为，发现，教师使用视觉工具成功地应对了学生的问题之后，过了一段时间，当问题不那么严重时，他们就"稍微停用"了。学生的问题"稍微变糟了"，这也就不足为奇了。当学生在使用视觉策略的领域显现出进步时，对那些策略的需求似乎消失了。不过，当撤除工具时，问题行为却增加了。当视觉工具重新纳入方案时，问题行为也相对减少了。

> 小建议：你设计和制作的每样东西都要备份，以防某样东西不见时，你变得手足无措。

> 视觉策略没办法"治愈"任何人，但通常能使生活更简单。

> 如果你试着使用视觉工具，但无效，不要放弃整个方法。找找看可能需要修改什么才能让它发挥作用。曾经有教师给我看他们花很多时间组合的工具。当我询问："学生懂吗？"时，他们的回答是："不。"当时他们就知道有些事情不对劲。

> 一旦你领悟了视觉工具的概念，想象的潜力势不可挡，可能会诱导你一次尝试太多。制订计划会有帮助，可能得花一年时间构建班级环境。有了基础，再不断增删、修改。

> 开发视觉策略也是一种技巧。但这是过程——一种到达终点的方式，而不是目标。有效的沟通才是目标，而视觉工具只是帮助实现这个目标。

1. 工具没有包含促成想要的结果的正确信息。有时由于人们在计划过程中误解了情境，可能导致工具中包含太多或不足的信息。一旦工具开始使用，学生表现不如预期，就必须修改或重新设计工具。

2. 学生不理解所用的符号。由于某些原因，工具对学生不具意义（别忘了，工具的目的是帮助学生更清楚地理解沟通）。这可能是符号太抽象或太复杂，也可能是学生不理解符号和它所代表的行为或选择之间的关系。不论什么原因，工具并没有增进理解。

3. 同一页里放太多符号。工具太复杂，学生难以解读。把东西清空。太多、太挤或太小的东西，在辨认时都需要过多的精力。针对不同目的，把满足不同需求的符号放在不同页或图表上，这可以帮助学生整理他们的想法。

4. 太快引入过多的符号或工具。小心！一旦人们理解了某个概念并了解了如何运用它，就会倾向于试着做得太多、太快。即使有好几个沟通需求，工具还是需要一次介绍一种。花时间教学生如何使用它们，学会一个后，再教下一个。有位教师将一本有三十页规则的书介绍给她的"问题专业户"。当然，她的努力白费了。

关于构建班级环境，你有其他的建议吗？

找机会将视觉要素融入所有标准的班级活动中。在音乐课上，用图片或玩偶表示你唱的每一首歌。利用很多视觉工具辅助教授学业技能。教学日里每个环节出现的沟通需求都可使用视觉支持。别忘了，班级外的沟通需求一样重要，非教学情境往往最需要沟通支持。

我想到了许多可以在教室里使用视觉工具的方法。

你的热情会受到鼓励！谨记，千里之行，始于足下。一旦开始旅程，你将会享受沿途的风景。

重点

视觉工具如同装有榔头、螺丝起子和扳手等各式各样工具的工具箱。每一种工具都具备特定的功能，服务于某一目的。有些你经常用到，有些则只在特殊情境中使用。你有一套"基本装备"，它们可以满足你的大部分需求，偶尔，有些状况需要特别的工具。有些人拥有大型工具箱，有些则是小型的。木匠对他所做的事很在行，因为他用对了工具。试图只用榔头和锯子完成所有的周末杂事，就没法做得那么好。

将视觉工具纳入学生的沟通方案中也是同样的道理。许多学生只要基本工具就表现良好，有些学生则需要更多特殊设计的资源。对于如何为学习创造最佳支持环境，木匠（即教师）需要不断做出决策。要先理解学生的能力和需求，然后提供最佳辅助，这是一个持续进行的过程。

第五篇

方案的内涵

第十一章
教育趋势：视觉辅助沟通的内涵

特殊教育的发展道路崎岖不平。多年以前，那些有特殊需要的个体，即那些学习方式不同的人，常常被贬为次等公民。当前的教育理念认识到这些人是可以学习的。当"所有学生都应该从教育性的支持中获益"这一点达成共识时，教育目标就扩大了。能否成功，取决于教什么，如何教，以及如何将学习转化成具有功能性、独立性的生活参与。

当前保证教育成效的做法是监督教育者。为了教而教是不够的，教育者有义务设定目标并引导学生完成目标。从一间教室就是学校的日子开始，教育者不断完善对学习本质的认识，加深对学生所呈现的不同学习风格的理解。这个过程让我们越来越能发现那些无法从"传统"教学风格中获得有效学习的学生，也让我们不断探寻有效的教学技巧和支持服务。

随着越来越多"教育障碍（educational handicaps）"被确认，特殊教育负担的人口在过去几年有增无减，培养有效的沟通技能已被列为核心的教育需求。尽管普通教育仍以传统的方式展开，但我们能发现许多不同学习形态的学生，他们在学习风格和数量上都有显著差异。特殊教育工作者致力于探寻专门的、个别化的教学策略，目标是在有意义的情境中教授技能。在这个过程中，也确实收获了有利于创设有效学习环境的教学技巧。这些教学技巧不仅利于有特殊需要的学生，也惠及其他学生。视觉策略就是其中得到广泛应用的技巧之一。

随着我们学习和探索的拓展与深化，教育理念也在不断发展。这个过程不仅受科技和医学发现的影响，也受社会主张、社区期望和预算限制所影响。是将特殊需要学生分离出来，让他们接受专门的培训，还是将他们纳入普通教育中，并在这种环境中满足其个人的需求呢？教育理念犹如钟摆，摇摆在这二者之间。选择何种环境与个体需要获得的注意力强度以及个人与团体目标的差异程度息息相关。不管钟摆摇摆到哪一端，认识到每一种教育安置环境都能提供有价值的内容，这一点很重要，所以，目标应该是把这些有价值的内容运用到最大限度。

视觉策略恰好适合这种跷跷板现象，视觉支持适用于任何环境，在任何教室中都易于实施。然后，在有特殊需要的学生适应后，他们不会因为使用这些视觉支持而显得与众不同。当有特殊需要的学生融入普通班级时，会出现与独立行事能力相关的问题。接着，有关需要提供多少及什么样的辅助这样的问题也会出现。比起其他选择，视觉工具提供的辅助更加自然。

不管理念如何发展，目前最新的思考建议必须先教授中重度沟通障碍的学生功能性技能，目标是使其尽可能地像成人般独立。视觉策略致力于促成此目标的实现。

■ 问题是什么？

当向教育者和照顾者介绍视觉辅助沟通时，他们会提出许多问题和顾虑，从中我们可以看到这种方法与传统教学技巧之间的不同。以下是一些顾虑：

怀疑论者说："他理解我所说的每件事，只是故意使坏。"

实际上，这些学生很多并不理解我们所说的每件事。他们从惯例、情境、我们使用的手势和面部表情及其他线索中得到提示，并猜测该如何回应。对我们而言，理解什么样的线索能给他们提供最多的信息，这很重要，因为我们可以据此构建适合他们的环境。

那群难以专注的学生能很好地理解口语，但问题是他们不一定能专注足够长的时间，来吸收他们需要的信息，并有序完成。视觉策略会在他们有需要的领域提供支持。

怀疑论者说："但这不是在教口语！"

有些言语语言病理学家因其提供的训练内容和方向，将视觉支持置于关注的范围之外。从更广的视角来看，学生若要有效行使各种功能，需要"全面的沟通系统"，而说话、发音或语言结构仅是这个系统的一部分。找到兼具效率和效果的沟通方法才是真正目标，这样的方法应该强调各种要素间的配合。

怀疑论者说："但这是教口语……我是任课教师，那不是我的工作，而是言语语言病理学家的！"

事实上，沟通（包括口语，如果学生有此技能的话）是学生所有学习的基础。将沟通技能的发展整合到学生的整体学习方案中，这很重要。

怀疑论者说：“但我还有很多其他东西要教！”

沟通是所有学习的基础。适当的沟通环境将促进其他教学目标的实现。如果将沟通目标列为重点，治疗师和教师的其他教学目标就更易实现。

怀疑论者说：“我们不是应该教给他们更好的听力技巧吗？”

教学生成为专注的倾听者是重要的。然而，对他们中大多数人而言，"治愈"不是实际可行的目标。听力或注意力问题是他们障碍的一部分，可能一直都会存在。辅助或代偿他们有困难的领域是深具价值的教学目标。

怀疑论者说：“往后没有人会做这些视觉材料，那我为什么现在要做？”

现在就去寻找帮助学生达到最有效表现的方法，很重要。通过构建现有的学习环境，提升他们的学习率。这样，当学生进入不同的学校、工作和居住环境中时，可以与未来的照顾者沟通那些曾经是最成功的方法。进入更自主环境中的学生也可从已习得的技能中获益，他们可以持续地使用这些技能进行自我辅助。

怀疑论者说：“他们不就变得只依赖图片了吗？”

视觉工具旨在帮助学生表现得更好。如果图片对他们有意义，帮助他们获得成功，为什么这会是问题呢？使用图片或任何其他视觉形式，不会从学生身上"取走"技能，反而可以促进学生的发展。

为了快速辨认，有些能够阅读的学生宁愿选择图片，他们觉得使用图片比较简单。使用的符号类型应与学生的偏好和最成功的表现相匹配。毕竟，广告世界也是用图片来轰炸我们的。

怀疑论者说："他已经知道如何做（打手势、说话等），使用视觉工具将会倒退。"

观察大量使用这些工具的学生，结果表明，大多数学生都能从某些视觉工具的使用中获益。别忘了，使用视觉工具的首要目的是提升学生的接收性技能。即使学生具备有效的表达方式，视觉工具也可以提高其接收性沟通能力，并帮助其整理沟通信息。视觉工具还可以在特定情境下，对其表达性沟通进行补充或扩展。视觉支持可以改善任何人的沟通系统。

怀疑论者说："他的能力太高了。""他的能力太低了。"

有特殊需要的学生不会因能力太高而无法从视觉工具中得到帮助。应根据个体的需求和偏好，调整工具的形式。

观察表明，一些能力较低的学生可以理解高度渴望的物品或期待发生的事件的图片，特别是那些用来给学生提供信息的图片，这些图片虽然数量少却很有意义。这个结果令人鼓舞。别忘了，视觉策略涵盖的不只是图片。成功似乎与选择的特定物品及使用的训练程序直接相关。学生的能力在某种程度上体现在学习辨识视觉刺激的速度上。

怀疑论者说："你似乎对我的所有疑问都有答案。"

虽然有些人在开始使用视觉工具辅助沟通时有疑问，但当看到这个方法有效时，他们使用它的热情就被激发了。一旦人们理解视觉辅助沟通的目标，他们便会开始思考更多促进环境视觉化的方法。

这些问题一定有答案。但最重要的是结果。当学生的表现越来越好时，人们更愿意实施这些策略。

▶ 任课教师的角色

谁是任课教师？即以教导学生为目标的人。任课教师的言行取决于其所受的师范教育及何时入学，也取决于其在学校所教的课程、所教的科目和教授的班级类型。除了这些因素，加上教师的教学经验和现在的分班方式，很多因素综合起来可以界定教师的风格和取向。就像学生一样，每位教师也是独立的个体。

教育领域是动态发展的。教育理念在改变，总有些人被要求多教一科。当学校组织改变时，职责也在发生变化，再加上言语语言病理学家想要改变。对于这种情况，你可能张开双臂欢迎，也可能不会妥协。

身为专业人员，关于什么是对学生有意义的，我们学习了很多；关于他们该学什么以及为何需要学习，我们也了解了很多。但这些知识并不能回答所有问题或提供所有答案，不过，它们可以引导我们前行的方向。

这个过程有太多的变数。任课教师努力的成效，视"做你能做的和必须做的"而定。理想上，这些视觉策略会帮助你形成有意义的班级方案，以回报你的努力。对这些可能性，持开放的态度。如果你是更"资深"的教育者，要认识到与沟通相关的理念和技巧目前正发生许多改变；如果你是最近完成培训的新手教育者，要认识到你的训练才刚开始。

最丰硕的结果通常来自合作。理想上，你的支持人员能够和你一起"踏出一些新路"和"探索一些未知的领域"。你越能够有效地让他们知道什么样的辅助对你最有意义，越能为共同的目标合作，结果就越令人满意。大家一起努力，才更有可能成功。

▶ 言语语言病理学家角色的演变

当沟通的定义和训练的范围扩大时，言语语言病理学这个领域也会发生相应的变化。观念在发生变化。经验表明，传统的"医学模式"训练强调插曲式的、抽离出来的以及分离的技能训练，并不能持续产生想要的结果。这种模式以矫正为目标来消除问题。

中重度沟通障碍的学生不容易"定位"，他们的需求更全面化，而不只是单一的技能缺陷。他们的沟通需求定义了他们整体的学习风格。因此，干预的目标也在发生变化。专业人员不再倾向于在结构化、非情境的环境中单纯教授口语和语言技能，而是更加注重通过将训练融入自然、功能性环境中，教授学生功能性技能。现在人们已经认识到，沟通技能需要在丰富和互动的环境中教授，以提供培养技能的自然机会。另外，很多学生需要将注意力更多地放在沟通过程中接收性一端，这一点已经得到越来越多的认可。

从历史角度来看，治疗师对于何时、如何及何处提供学生服务，曾经面临一些专制且过时的机构限制。与此同时，很多任课教师认为"言语"或"沟通"训练是言语语言病理学家的责任，因此，并没有特别将其纳入课堂常规中。幸运的是，这样的观念正在改变。治疗师和教师正探索新的方法，寻找合作和咨询的方式，以提供更好的服务来满足被鉴定学生的实际需求。

> 作者附记：当在讨论视觉策略时，我希望我的头衔不是言语治疗师或言语语言病理学家。我宁愿被称为沟通专家。我希望把"言语治疗"的服务名称改为"沟通训练"。这样的改变让服务的范围和期待更加精准、明确，对学生长期的发展也深具意义。以"沟通"取代"言语"，扩大了我的专业知识和技能影响的范围。

当前显露的趋势表明，需要让言语语言病理学家走出诊室，进入学生实际发生沟通的教室和环境中。这为他们提供了很多利用所学的知识和专业技能影响学生学习的机会，这些环境的改变促使治疗师和任课教师学习用不同的方式合作，共谋学生利益。通过将沟通技能训练充分融入方案中，高度有效的学习环境得以形成。这个过程也表明，有效的沟通技能训练是教育环境中所有学习的基础。

本书建议的沟通技能训练在焦点和取向上不同于学校环境中普遍存在的方式。这些概念鼓励言语语言病理学家和教师合作。事实上，就是在这样的合作过程中，才能找到具有成效和创造性的问题解决方案。

对言语语言病理学家而言，参与视觉沟通工具的研发有利于为学生提供服务。为了真正地参与进来，治疗师必须改变只惠及某些特定学生的服务方式。这就意味着要花较少的时间在"直接治疗"上，而花费较多的时间来分析环境、与教师和其他照顾者协商。弹性是关键。弹性意味着允许治疗师利用一切可利用的时间，完成制定学生干预方案所需做的工作。

言语语言病理学家提供的服务包括：

评估：

☐ 和教师、家长及其他照顾者交流学生的沟通表现

☐ 分析学生活动的环境

☐ 观察学生在教室内外环境中的沟通表现

☐ 确认可借更好的沟通策略来满足的特殊沟通需求和解决的日常功能问题

计划：

☐ 引导沟通目标的选择

☐ 参与制订符合目标的计划

实施：
- □ 和其他人员一起改变环境来为学生的学习提供支持
- □ 促进班级常规的形成，创造机会辅助学生更好地参与以及练习指定的沟通技能
- □ 合作设计视觉沟通工具来辅助学生发挥功能
- □ 与其他人员合作教学来为学生技能的培养和提高提供支持
- □ 监测个别学生的方案和进展

以上内容未能涵盖所有的服务。作为一套有效的视觉支持系统，至少要包括以上列出的维度。记住，确认需要或制作视觉工具只是完整的训练方案制定过程中的一小步。治疗师的工作不应被贬低为只是"剪剪贴贴"或者将他们孤立、隔离，他们为团队提供了重要的知识架构。合作和咨询的方式扩大了为学生整体学习提供支持的范围，治疗师是团队的基本成员。

▶ 总结

中重度沟通障碍的学生面临艰巨的挑战。沟通是人际关系的本质，也是学习的基础。

当教育者处理"如何教育这些学生"这个议题时，有时与现有理念抵触，这是一种"成长之痛"。目标是不断成长，不断学习，不断扩大我们理解和行动的范围，直到完全符合需求。成长本身就是一件冒险的事。想想那些有创意的厨师，他们将已知道的好食物用不同方式组合，加入调味来创造一道新菜。当然，在这个过程中有些许失败，但学习那些原本以为行不通的办法，却能引领我们通往可行之路。往往一个小小的触动或一次微妙的平衡就可以产生出类拔萃的创意。

本书讨论的概念建议我们如厨师般进行有创意地探索，这不是鼓励我们把过去的东西通通抛弃，而是选择优质的原料加以创造。鼓励实施视觉策略的那些原则就是原料，它们可以独自发挥作用或结合其他要素产生想要的结果。把焦点放在沟通环节的接收性一端和增加沟通环境中的视觉要素上，会带来积极的改变，这就像比较快餐厨师的烹饪和受训的法国主厨的佳肴，结果是不一样的。

　　视觉策略已经从"偶尔使用"晋升到"关键项目"，从"跑龙套"转变成"主角"。一旦确立了方向，想法将源源不绝。

参考资料

Carr, E. (1985). Behavioral approaches to communication in autism. In E. Schopler & G. Mesibov (Eds.), *Communication problems in autism*. New York: Plenum Press.

Courchene, E. (1991). A new model of brain and behavior development in infantile autism. *Autism Society of America Conference Proceedings*. Indianapolis, IN: ASA.

Bondy, A., & Frost, L. (1994). The picture exchange communication system. *Focus on Autistic Behavior*, 9(3), 1-19.

Frith, U. (1989). *Autism, explaining the enigma*. Worcester, England: Billings.

Grandin, T. (1990). Needs of high functioning teenagers and adults with autism. *Focus on Autistic Behavior*, 5(1), 1-16.

Grandin, T. (1991). Autistic perceptions of the world. *Autism Society of America Conference Proceedings*. (pp. 85-94). Indianapolis, IN: ASA.

Gray, C. A., & Garand, J. D. (1993). Social stories: Improving responses of students with autism with accurate social information. *Focus on Autistic Behavior*, 8(1), 1-10.

Grofer, L. (1990). Helping the child with autism to understand transitions. *The Advocate*, 21 (4).

Hodgdon, L. (1991). Solving behavior problems through better communication strategies. *Autism Society of America Conference Proceedings* (pp. 212-214). Indianapolis, IN: ASA.

Hodgdon, L. (1995). Solving social - behavioral problems through the use of visually supported communication. In K. Quill (Ed.), *Teaching children with autism*. Albany: Delmar Publishing Co.

Kistner, J., Robbins, F., & Haskett, M. (1988). Assessment and skill remediation of hyperlexic children. *Journal of Autism and Developmental Disorders*, 18, 191-205.

LaVigna, G. (1977). Communication training in mute autistic adolescents using the written word. *Journal of Autism and Childhood Schizophrenia*, 7, 135-149.

LaVigna, G., & Donnellan, A. (1986). *Alternatives to punishment: Solving behavior problems with non-aversive strategies*. New York: Irvington.

Mayer-Johnson, R. (1981). *The picture communication symbols book*. Solana Beach, CA: Mayer-Johnson Co.

Mehrabian, A. (1972). *Nonverbal communication*. Chicago: Adline Publishing Co.

Mirenda, P., & Iacono, T. (1988). Communication options for persons with severe and profound disabilities: State of the art and future directions. *Journal of the Association for Persons with Severe Handicaps,* 15, 3-21.

Mirenda, P., & Santogrossi, J. (1985). A prompt-free strategy to teach pictorial communication system use. *Augmentative and Alternative Communication,* 1, 143-150.

Orelove, F.P. (1982). Developing daily schedules for classrooms of severely handicapped students. *Education and Treatment of Children,* 5, 59-68.

Paul, R. (1987). Communication. In D. Cohen & A. Donnellan (Eds.) *Handbook of autism and pervasive developmental disorder.* New York: John Wiley.

Pierce, K., & Schreibman, L. (1994). Teaching daily living skills to children with autism in unsupervised settings through pictorial self-management. *Journal of Applied Behavior Analysis,* 27 471-481.

Prior, M. (1979). Cognitive abilities and disabilities in autism: A review. *Journal of Abnormal Child Psychology,* 2, 357-380.

Prizant, B. (1983). Language and communication in autism: Toward an understanding of the "whole" of it. *Journal of Speech and Hearing Disorders,* 48, 296-307.

Prizant, B. & Schuler, A. (1987). Facilitating communication: Language approaches. In D. Cohen & A. Donnellan (Eds.) *Handbook of autism and pervasive developmental disorder.* New York: John Wiley.

Quill, K. (1991). Methods to enhance student learning, communication and self-control. *Autism Society of America Conference Proceedings.* Indianapolis, IN: ASA.

Quill, K. (1995). *Teaching children with autism: strategies to enhance communication and socialization.* Albany, NY: Delmar Publishing Co.

Rogers, S. J., & Lewis, H. (1989). An effective day treatment model for young children with pervasive developmental disorders. *Journal of the American Academy of Child and Adolescent Psychiatry,* 28, 207-214.

Rotholz, D., & Berkowitz, S. (1989). Functionality of two modes of communication in the community by students with developmental disabilities: A comparison of signing and communication books. *Journal of the Association for Persons with Severe Handicaps,* 14, 227-233.

Smith, M. (1990). *Autism and life in the community: Successful interventions for behavioral challenges.* Baltimore: Brookes.

Vygotsky, L. S. (1987). *Mind in society: The development of higher psychological processes.* Cambridge: Harvard University Press.

Whitehouse, J., & Harris, J. (1984). Hyperlexia in infantile autism. *Journal of Autism and Developmental Disorders,* 14, 281-290.

Williams, D. (1992). *Nobody nowhere.* New York: Times Books.

Wing, L. (1988). The continuum of autistic characteristics. In E. Schoper & G. Mesibov (Eds.) *Diagnosis and assessment.* New York: Plenum.

图书在版编目（CIP）数据

促进沟通技能的视觉策略 /（美）琳达·A.霍奇登(Linda A. Hodgdon) 著；陈质采，李碧姿译.-- 北京：华夏出版社，2019.10（2024.3 重印）
书名原文：Visual Strategies for Improving Communication:Practical Supports for School and Home
ISBN 978-7-5080-9681-0

Ⅰ．①促… Ⅱ．①琳… ②陈… ③李… Ⅲ．①孤独症－儿童教育－特殊教育 Ⅳ．①G766

中国版本图书馆 CIP 数据核字(2019)第 027474 号

Visual Strategies for Improving Communication: Practical Supports for School and Home
by Linda A. Hodgdon
English Edition Copyright © 1995 by QuirkRoberts Publishing
本著作中文简体版由成都天鸢文化传播有限公司代理，经心理出版社股份有限公司授予华夏出版社独家发行，非经书面同意，不得以任何形式，任意重制转载。本著作限于中国大陆地区发行。
Cover illustrations by the Picture Communication Symbols © 1981-2016 by Mayer-Johnson LLC are used under contractual agreement.
©华夏出版社　未经许可，不得以任何方式使用本书全部及任何部分内容，违者必究。
All rights reserved.

北京市版权局著作权合同登记号：图字 01-2016-8096 号

促进沟通技能的视觉策略

作　　者	［美］琳达·A.霍奇登
译　　者	陈质采　李碧姿
责任编辑	薛永洁

出版发行	华夏出版社
经　　销	新华书店
印　　装	三河市少明印务有限公司
版　　次	2019 年 10 月北京第 1 版　2024 年 3 月北京第 2 次印刷
开　　本	710×1000　1/16 开
印　　张	13.5
字　　数	160 千字
定　　价	59.00 元

华夏出版社　地址：北京市东直门外香河园北里 4 号　邮编：100028
　　　　　　网址：www.hxph.com.cn　电话：（010）64663331（转）
若发现本版图书有印装质量问题，请与我社营销中心联系调换。